Das Despesas de Condução dos Oficiais de Justiça

Leandro Bertoldo

Leandro Bertoldo
Das Despesas de Condução dos Oficiais de Justiça

Leandro Bertoldo
Das Despesas de Condução dos Oficiais de Justiça

De: _____

Para: _____

_____

_____

Leandro Bertoldo
Das Despesas de Condução dos Oficiais de Justiça

Leandro Bertoldo
Das Despesas de Condução dos Oficiais de Justiça

Dedico este livro ao meu colega e amigo
Antônio da Silva Alves

Leandro Bertoldo
Das Despesas de Condução dos Oficiais de Justiça

Leandro Bertoldo
Das Despesas de Condução dos Oficiais de Justiça

"Digno é o obreiro do seu salário"
(I Timóteo 5:18).

Leandro Bertoldo
Das Despesas de Condução dos Oficiais de Justiça

Sumário

Dados biográficos

Prefácio

Subseção I
Disposições Gerais

Subseção II
Dos Mandados Pagos

Subseção III
Dos Mandados Gratuitos

Subseção IV
Das Despesas de Condução Relativas às Fazendas Públicas

Subseção V
Das Despesas de Condução Relativas à Fazenda Pública do Município de São Paulo

Subseção VI
Das Despesas de Condução Relativas às Cartas Precatórias Originárias de outros Estados da Federação

Leandro Bertoldo
Das Despesas de Condução dos Oficiais de Justiça

Dados biográficos

Meu nome é Leandro Bertoldo. Nasci na cidade de São Paulo – SP. Sou o primeiro filho do casal José Bertoldo Sobrinho e Anita Leandro Bezerra.

Fiz as faculdades de Física (1980) e de Direito (2000) na Universidade de Mogi das Cruzes – UMC. Meu interesse pela área de exatas vem desde os meus 17 anos, quando comecei a escrever algumas teses originais sobre temas científicos, os quais dei a conhecer ao meu professor de Física "Benê". Em 1995, publiquei o meu primeiro livro de Física, que foi um grande sucesso entre muitos professores universitários.

Sou casado com Daisy Menezes Bertoldo, funcionária do Tribunal de Justiça do Estado de São Paulo. Minha filha Beatriz Maciel Bertoldo, fruto do meu primeiro casamento com Francineide Maciel, é advogada em Mogi das Cruzes.

Muitas das minhas distrações e alegrias foram proporcionadas pelos meus maravilhosos cachorros: Fofa, Pitucha, Calma, Mimo e Serena.

Até o presente momento publiquei 71 livros, abrangendo pesquisas nas áreas da Física, Matemática, Química, Teologia e Poesia. Sendo 28 em Física; 4 em Matemática; 2 em Química; 6 em Literatura e 28 em Teologia.

A minha produção escrita está estimada em 13.618 páginas publicadas. Sendo 6.525 na área de exatas, 6.343 na área de teologia e 750 na área de literatura.

Nos meus livros de exatas defendo teses originais em Física, Matemática e Química, destacando-se: "Teoria Matemática e Mecânica do Dinamismo" (2002); "Teses da Física Clássica e Moderna" (2003); "Cálculo Seguimental" (2005); "Artigos Matemáticos" (2006) e "Geometria Leandroniana" (2007) etc.

Leandro Bertoldo
Das Despesas de Condução dos Oficiais de Justiça

Prefácio

Esta obra procura realizar um sucinto comentário sistemático dos artigos 1004 a 1047 editados nas **Normas de Serviço da Corregedoria Geral da Justiça do Estado de São Paulo**, os quais estabelecem os critérios diretivos de reajuste dos valores da condução dos oficiais de justiça pelas chamadas "cotas de ressarcimento".

Esta singela análise considera a edição dos Provimentos números 27 e 28 de 24 de outubro de 2014, da Egrégia Corregedoria Geral da Justiça do Estado de São Paulo, bem como as subseções I a VI, das Normas de Serviço da Corregedoria Geral da Justiça. Todos editados com base nos Pareceres números 540/2014-J e 536/2014-J.

Destaque especial é dado ao inovador conceito de despesas e reajustes de valores das diligências dos oficiais de justiça pelas "cotas de ressarcimento".

O livro avalia brevemente as subseções que versam sobre "as disposições gerais das despesas de condução dos oficiais de justiça"; "os mandados pagos", "os mandados gratuitos", "as despesas com diligências relativas às Fazendas Públicas" e "as diligências relativas às cartas precatórias proveniente de outros Estados da Federação".

Esta obra teve origem quando precisei ordenar os meus pensamentos e ideias sobre o assunto em pauta. Assim como me foi útil espero que também seja útil a você.

leandrobertoldo@ig.com.br

Leandro Bertoldo
Das Despesas de Condução dos Oficiais de Justiça

Subseção I
Disposições Gerais

Leandro Bertoldo
Das Despesas de Condução dos Oficiais de Justiça

Disposições Gerais

DAS COTAS DE RESSARCIMENTO, DO ATO JUDICIAL E DAS DILIGÊNCIAS

Art. 1.006. As despesas de condução dos oficiais de justiça serão reembolsadas por cotas de ressarcimento. Sem prejuízo de eventuais majorações previstas nas subseções seguintes, uma única cota ressarcirá todas as diligências necessárias à prática do ato, ainda que o resultado seja negativo e as diligências realizadas em dias distintos.
Parágrafo único. O valor para ressarcimento previsto neste artigo, que se calcula somente com base no percurso de ida, abrangerá sempre os percursos de ida e volta do oficial.

As despesas de condução dos oficiais de justiça serão reembolsadas por cotas de ressarcimento.

O artigo supramencionado estabelece que as despesas de condução dos oficiais de justiça serão satisfeitas mediante as chamadas "cotas de ressarcimento".

A expressão "cota de ressarcimento" é empregada para definir as despesas de condução dos oficiais de justiça, que devem ser adiantadas e ressarcidas pelos interessados.

Trata-se de um valor adequado para as despesas de condução dos oficiais de justiça na realização das diligências necessárias ao cumprimento do ato.

Esse valor compreende todos os deslocamentos, investigações, pesquisas, buscas, consultas e diligências possível e necessária para a execução integral do ato judicial expresso no mandado judicial.

A cota de ressarcimento é estimativa, visando um ressarcimento genérico, globalmente considerado, e não uma indenização das despesas efetivas.

Sem prejuízo de eventuais majorações previstas nas subseções seguintes.

São as ressalvas previstas no Artigo 1.008 das NSCGJ de que, nas Comarcas do Interior, será acrescido à cota de ressarcimento o valor equivalente a 0,5 (meia) UFESP, a cada faixa ou fração de 10 (dez) quilômetros que exceder a distância de 50 (cinquenta) quilômetros da sede do Juízo, medidos em linha reta.

Uma única cota ressarcirá todas as diligências necessárias à prática do ato, ainda que o resultado seja negativo e as diligências realizadas em dias distintos.

Disso depreende-se que:
1. O valor de uma única cota de ressarcimento (03 UFESPs) cobrirá todas as diligências realizadas pelo oficial de justiça para a prática de cada ato objeto da ordem judicial expressa no mandado.
2. Mesmo que sejam realizados em dias distintos, uma única cota ressarcirá todas as diligências necessárias à prática do ato determinado no mandado.
3. Mesmo que o resultado seja negativo, o oficial de justiça terá o direito de receber a cota de ressarcimento ao exaurir o mandado no cumprimento do ato.

O valor para ressarcimento previsto neste artigo, que se calcula somente com base no percurso de ida, abrangerá sempre os percursos de ida e volta do oficial.

O valor para ressarcimento das diligências do oficial de justiça está estimado para compreender as suas despesas no percurso de ida e de volta. Porém, para simples efeito de cálculo aritmético, considera-se somente o cálculo do percurso de ida, o qual está implicitamente taxado para compreender o percurso de ida e volta.

DO REEMBOLSO AINDA QUE O RESULTADO SEJA NEGATIVO

As Normas de Serviço da Corregedoria Geral da Justiça do Estado de São Paulo são muito claras a respeito do direito que tem o oficial de justiça de ser reembolsado em razão de cumprimento de mandado cujo resultado tenha sito negativo, quer se trate de diligência paga, quer se trate de diligência gratuita.

Como regra geral, no desempenho de sua função, cabe ao oficial de justiça esgotar todos os meios que estiverem ao seu alcance para a concretização do ato registrado no mandado. Cabe-lhe realizar voluntariamente tantas diligências quantas forem necessárias para o cumprimento da ordem judicial e lavrar certidão minuciosa a respeito, mesmo que sejam realizadas em dias distintos. Se obtiver bom êxito, terá naturalmente direito a cota de ressarcimento relativa ao ato processual. Porém, esgotados todos os meios disponíveis ao seu alcance para o cumprimento do mandado e, mesmo assim, não tenha conseguido realizar o ato processual, também terá direito à cota de ressarcimento. Esse é o teor do Art. 1006: "ainda que o resultado seja negativo".

Desse modo, uma única cota ressarcirá todas as diligências necessárias à prática do ato processual registrado no mandado, independentemente do resultado (positivo ou negativo) e da quantidade de diligências ou de deslocamentos realizados pelo oficial de justiça, ainda que empreendidas em dias distintos.

DO ATO PROCESSUAL

O "ato" refere-se, por óbvio, ao "ato processual" determinado no mandado. O ato processual é todo procedimento ou conduta, realizado por quaisquer dos sujeitos da relação jurídica processual, que produza a constituição, modificação ou extinção de situações. São exemplos de "ato": a citação, a intimação, a notificação, a penhora, o arresto, o sequestro etc. Observando que um único mandado pode conter diversos atos de uma mesma espécie ou não. Por exemplo: citação de três réus, intimação de vinte e um jurados etc.

A expressão "ato" não se confunde com "endereço", razão pela qual se do mandado constarem dois ou mais endereços de determinada pessoa a ser, por exemplo, citada ou intimada, haverá o recolhimento de uma única cota de ressarcimento, ressalvado, em relação às Comarcas do Interior, o acréscimo devido em endereço localizado além do raio de 50 quilômetros da sede do Juízo.

O ato processual pode ser positivo ou negativo. É chamado ato positivo, o ato processual dimanado do juiz e cujo resultado das diligências do oficial de justiça seja positivo. É chamado ato negativo, o ato processual emanado do juiz e cujo resultado das diligências realizadas pelo oficial de justiça seja negativo.

Leandro Bertoldo
Das Despesas de Condução dos Oficiais de Justiça

DO ESGOTAMENTO DO MANDADO

Art. 1077. "O oficial de justiça deverá cumprir diligência em outro endereço, ainda que não constante do mandado, quer seja obtido por indicação no local da diligência, quer seja fornecido pela parte, desde que no seu setor de atuação".

De posse do mandado, o oficial de justiça realizará todas as diligências necessárias nos endereços nele indicados. Caso não venha a ter êxito em cumprir o ato processual indicado no mandado, deverá realizar novas diligências em outros endereços, não constante do mandado, mas obtido por informações no local da diligência ou fornecido pela parte interessada. Desde que os novos endereços estejam dentro da área de seu setor de atuação.

O mandado nada mais é que ordem do magistrado para prática de certo ato processual (citação, intimação, notificação, despejo, penhora, prisão, busca e apreensão, arresto, sequestro, depósito etc.).

A "diligência" é definida como sendo a atividade de deslocamento do oficial de justiça para o devido cumprimento do ato processual. A cada ato determinado no mandado deverá ensejar o correspondente a uma única cota, independentemente do número de diligências distintas por ele realizadas, mesmo que em dias variados.

Art. 1.004. Antes de o oficial de justiça certificar a impossibilidade da prática do ato, esgotará

todos os meios de concretização, especificando na certidão as diligências efetuadas.

Antes que o oficial de justiça certifique o resultado negativo de suas diligências, deverá esgotar todos os meios para a realização do ato processual. Para isso deverá diligenciar em todos os endereços registrados no mandado. Deverá diligenciar em endereços obtidos no local da diligência, ou em endereços fornecidos pela parte, desde que no seu setor de atuação. Somente após a realização dessas atividades é que deverá certificar a impossibilidade da prática do ato, especificando na certidão todas as diligências realizadas na tentativa de concretizar o ato.

O ato processual somente é considerado cumprido, quando o oficial de justiça esgota o mandado, independentemente de o resultado ser positivo ou negativo. Evidentemente, o ato negativo gera direito ao reembolso ou ressarcimento, mas desde que o oficial de justiça tenha esgotado todos os meios disponíveis para concretização da ordem judicial, lavrando certidão pormenorizada a respeito.

Art. 1.005. Considera-se não praticado, para fins de ressarcimento de despesas, o ato que infringir os requisitos estabelecidos neste Capítulo.

Caso o oficial de justiça venha a infringir os requisitos estabelecidos para o cumprimento do ato processual é lógico que o ato não foi praticado. Por exemplo, deixa de diligenciar em todos os endereços constantes do mandado, não esgota todos os meios para a concretização do ato processual, não especifica na certidão as diligências efetuadas, não cumpre as diligências em endereços obtidos por indicação no local da diligência, ou fornecido pela parte etc.

DAS PRINCIPAIS DÚVIDAS LEVANTADAS PELOS SERVIDORES

CASO 1

Mandados expedidos indicando dois endereços localizados em zonas diferentes. A dúvida é quanto ao ressarcimento da diligência, se em favor do primeiro ou do segundo Oficial de Justiça, já que ambos se deslocaram aos locais indicados no mandado, cada um na sua zona de atuação.

É lógico que não se pode impor à parte o recolhimento da verba correspondente a duas diligências, uma para o Oficial que se desloca ao primeiro endereço e não realiza o ato, e outra para o Oficial que se desloca ao segundo endereço e realiza o ato processual.

Isto porque as diligências realizadas em endereços distintos dão direito ao ressarcimento de uma única cota. Art. 1.006. "Uma única cota ressarcirá todas as diligências necessárias à prática do ato, ainda que o resultado seja negativo e as diligências realizadas em dias distintos".

Restaria apenas a definir qual o Oficial que receberá a importância recolhida pela parte. Entretanto, tal situação encontra-se pacificada nas Normas de Serviço da Corregedoria:

Art. 1076 Na hipótese de constar do mandado mais de um endereço, em setores diferentes, para a mesma pessoa, o oficial de justiça deverá cumpri-lo no prazo estabelecido. Caso o oficial não logre êxito no primeiro endereço e situando-se o segundo em setor de atuação diferente daquele a que vinculado, o oficial poderá, desde que dentro do mesmo prazo estabelecido, cumprir o mandado em setor diverso ou devolvê-lo com certidão negativa para nova distribuição ao oficial do setor correspondente.

Parágrafo único. Será ressarcido somente o oficial que der cumprimento ao ato ou aquele que realizar a última diligência, quando todas resultarem negativas. Nos mandados pagos e gratuitos, o cálculo levará em conta somente as diligências praticadas pelo oficial que for ressarcido.

CASO 2

A dúvida objeto deste caso é quanto ao fato de que uma única cota ressarcirá todas as diligências necessárias à prática do ato, então como compreender que o oficial de justiça é ressarcido quando o mandado é negativo e posteriormente a parte interessada apresenta novo endereço.

Em primeiro lugar, não se pode impor ao oficial de justiça a prática de ato que está além do sua possibilidade e alcance. Se oficial esgotou todas as diligências para cumprimento do ato judicial que lhe fora determinado, faz jus a cota de ressarcimento.

Isto porque, de acordo com as Normas de Serviço, as diligências realizadas em endereços distintos, mesmo que o resultado seja negativo, dão direito ao ressarcimento.

O ato processual é consumado quando o oficial de justiça esgota inteiramente o mandado, já que diligenciou em todos os endereços indicados no mandado, dando cabal cumprimento ao ato. Ele não pode ser responsabilizado pelo fato da diligência ser negativa.

Portanto, tendo o oficial de justiça esgotado todas as tentativas para realização do ato, e sendo o mandado negativo, certificará todas as diligências que realizou. Caso a parte interessada venha informar novos endereços, então o ato foi renovado e deverá recolher nova cota de ressarcimento para os novos endereços apresentados.

CASO 3

Nas citações por hora certa, o oficial de justiça realiza diversas diligências em dias variados. Pergunta-se: a quantas cotas de ressarcimento ele teria direito?

A resposta é a seguinte: "Uma única cota ressarcirá todas as diligências necessárias à prática do ato, ainda que o resultado seja negativo e as diligências realizadas em dias distintos". (Art. 1.006-NSCGJ). Por esse artigo, todos os requisitos da citação por hora encontram-se compreendida.

A cota das despesas de condução do oficial de justiça corresponderá a todas as diligências necessárias à prática de cada ato objeto da ordem judicial, ainda que o resultado seja negativo. Cada ato determinado deverá ensejar o correspondente a uma cota de ressarcimento, sendo irrelevante, para tanto, o número de diligências efetivamente empreendidas pelo oficial de justiça, mesmo que em dias diferentes.

Quando o Juízo determina a citação, emana uma única ordem judicial. Caso ela venha a ser realizada por hora certa é irrelevante o número de diligências realizadas pelo oficial de justiça para o cumprimento ordem judicial, mesmo que realizadas em dias distintos, que é o caso da citação por hora certa.

É irrelevante, portanto, o número de diligências realizadas pelo oficial de justiça para o cumprimento da ordem judicial, bem como o número de endereços constante do mandado e o numero de dias realizando as diligências. Se para o cumprimento da ordem judicial expressa no mandado, o oficial de justiça tiver que realizar diligências em endereços e dias diversos, terá direito a apenas uma cota de ressarcimento.

Portanto, não importa o número de diligências realizadas pelo Oficial de Justiça para a efetivação de um único ato, quer se trate de citação ou intimação, inclusive com hora certa, quer se trate de notificação ou de qualquer outro ato que deve suceder ato de contrição judicial.

CASO 4

Caso o oficial de justiça não consiga realizar a diligência por não encontrar o endereço e faça o levantamento da cota de ressarcimento e em seguida a parte interessada informa que o endereço está correto, e apresenta croquis e pontos de referência, deverá haver o depósito de nova cota de ressarcimento?

Não deve haver o depósito de nova cota. Primeiro porque a imperícia foi do oficial de justiça e não da parte interessada que apresentou corretamente o endereço. Segundo porque "Antes de o oficial de justiça certificar a impossibilidade da prática do ato, esgotará todos os meios de concretização" (Art. 1004-NSCGJ). Terceiro porque não houve alteração de endereço, logo "uma única cota ressarcirá todas as diligências necessárias à prática do ato". (Art. 1.006-NSCGJ). Não seria justo exigir da parte o pagamento de mais uma cota de ressarcimento simplesmente porque o oficial de justiça não conseguiu localizar o endereço. Portanto, o oficial deverá arcar com a diligência em continuidade na pratica do ato processual.

Atos Únicos

DOS ATOS ÚNICOS COM DIVERSOS ATOS

Art. 1.007. Embora vários sejam os atos determinados, serão tidos por ato único, para fins de ressarcimento e de observância da disciplina do artigo anterior:
I - as intimações ou citações que devam ser realizadas ao mesmo tempo, no mesmo local ou em local vizinho;
II - as intimações que devem suceder imediatamente a ato de constrição, tais como os de penhora, arresto, sequestro e depósito.
§ 1º O presente artigo aplica-se aos mandados pagos e gratuitos.

Os atos processuais podem ser vários e distintos. Porém, para fins de ressarcimento das diligências do oficial de justiça e observância do Artigo 1006, alguns atos, mesmos que distintos, são considerados como "ato único".

Contendo o mandado a determinação de mais de um ato, cujo cumprimento possa se perfazer ao mesmo tempo, no mesmo local ou em local vizinho – o mesmo valendo para as intimações que devam suceder imediatamente atos de constrição – aplica-se a regra do "ato único". O conceito de ato único aplica-se a todos os mandados, pagos ou gratuitos.

A expressão "local vizinho" poderá ser interpretada como endereço diverso do mandado, mas contido na mesma área de atuação do Oficial de Justiça que esteja dando cumprimento ao mandado.

Consideram-se ato único, para fins de ressarcimento, as intimações e citações que devem ser realizadas ao mesmo tempo, no mesmo local ou em local vizinho, bem como as intimações que devem suceder imediatamente a ato de constrição, tais como os de penhora, arresto, sequestro, depósito etc., de sorte que uma única cota de ressarcimento se justifica, porquanto representativa da exata medida da compensação devida pela condução empreendida para o cumprimento do ato judicial, considerados o percurso de ida.

O critério é claramente justo. Primeiro porque, o oficial de justiça não está procedendo mais de um deslocamento. Segundo porque, muito embora a citação e a constrição sejam atos judiciais distintos, eles são realizados sucessivamente. Não teria cabimento a cotação de mais de um ato, uma vez que se presume a desnecessidade de novo deslocamento, a gerar nova despesa.

Desse modo, as despesas de locomoção do Oficial de Justiça corresponderão a um único ato, independentemente do número de diligências, desde que os atos judiciais sejam cumpridos no mesmo tempo, no mesmo endereço ou em endereço vizinho.

DOS ATOS ÚNICOS DAS DIVERSAS AÇÕES

§ 2º Nos mandados pagos, somente poderão se enquadrar no conceito de ato único:
I - as determinações oriundas de um mesmo processo;
II - as ordens emanadas em ações distintas, desde que propostas pelo mesmo autor, ou autores em

litisconsórcio, contra o mesmo réu, ou mesmos réus em litisconsórcio;
III - as ordens exaradas na mesma ação, ou em ações distintas de mesma natureza, propostas pela mesma pessoa jurídica de direito público, contra um ou mais réus, em litisconsórcio ou não (execuções fiscais).

Enquadram-se como "ato único" as diversas determinações provenientes de um mesmo processo, portanto de uma mesma ação. Aplica-se também o conceito de ato único às ordens provenientes de ações distintas, desde que haja identidade entre as partes em litisconsórcio ou não. Finalmente, aplica-se a regra do ato único às ordens exaradas na mesma ação, ou em ações diferentes, porém de mesma natureza, desde que proposta pela mesma pessoa jurídica de direito público, contra um ou mais réus, em litisconsórcio ou não, exemplo típico das execuções fiscais.

Portanto, as intimações ou citações que devam ser realizadas ao mesmo tempo, no mesmo local ou em local vizinho e havendo um ou mais requeridos, estamos diante do chamado "ato é único". Essas regras aplicam-se aos mandados pagos.

Nesse caso, uma única cota ressarcirá todas as diligências necessárias à prática do ato, ainda que o resultado seja negativo e as diligências realizadas em dias distintos. (Art. 1.006).

DOS ATOS ÚNICOS QUANTO AOS FEITOS CRIMINAIS

§ 3º Nos feitos criminais haverá ato único, se o oficial de justiça puder cumprir, num mesmo estabelecimento prisional:

I - mandados provenientes de processos distintos contra o mesmo preso;
II - mandados expedidos contra mais de um preso pelo mesmo processo;
III - mandados oriundos de processos distintos e contra presos também diferentes.

Ocorrerá o fenômeno do ato único nos feitos criminais quando o mandado é emanado de processos diversos contra o mesmo preso, ou contra mais de um preso pelo mesmo processo, ou ainda contra presos diversos de processos distintos, desde que seja cumprido num mesmo estabelecimento prisional.

Portanto, quando o feito for criminal e os atos devam ser cumpridos no mesmo momento, num mesmo estabelecimento prisional, o ato será tido como único.

No ato único em processos de natureza criminal, uma única cota ressarcirá todas as diligências necessárias à prática do ato, ainda que o resultado seja negativo. (Art. 1.006).

---

§ 4º O Juiz Corregedor Permanente baixará ordens de serviço a fim de estabelecer critérios para o agrupamento de mandados nas hipóteses previstas nos § 2º, III, e § 3º deste artigo.

O cumprimento de mandados em ato único, nas hipóteses previstas nos § 2º, III e § 3º do artigo 1007, depende de ordens de serviços complementares a ser baixada pelo Juiz Corregedor Permanente, que estabelecerá os critérios para o agrupamento dos mandados dentro das hipóteses consignadas.

Leandro Bertoldo
Das Despesas de Condução dos Oficiais de Justiça

DO ATO ÚNICO QUANTO AOS MANDADOS GRATUÍTOS PROVENIENTES DE FEITOS DISTINTOS

§ 5º Em se tratando de diligências gratuitas, determinações oriundas de feitos distintos também deverão ser enquadradas no conceito de ato único, para fins de ressarcimento. O ofício de justiça ou a Seção Administrativa de Distribuição de Mandados - SADM agrupará os mandados que possam ser cumpridos ao mesmo tempo, nos termos do caput deste artigo, e fará carga simultânea ao oficial de justiça. A devolução dos mandados, assim agrupados, ensejará margeamento único pelo oficial de justiça.

Quando os atos processuais forem provenientes de diferentes processos na hipótese de diligência gratuita, então para fins de ressarcimento do oficial de justiça aplica-se o conceito de ato único.

Para cumprimento desse parágrafo, o Ofício de Justiça ou a Seção Administrativa de Distribuição de Mandados – SADM deverá proceder ao agrupamento dos mandados que possam ser cumpridos ao mesmo tempo, no mesmo local ou em local vizinho, levando em consideração as intimações que devem suceder imediatamente a ato de constrição.

Nessas condições, após efetuar o agrupamento, o Ofício de Justiça ou o SADM fará carga simultânea ao oficial de justiça, que deverá margear única cota de ressarcimento de sua diligência.

Por exemplo, o Ofício de Justiça ou o SADM, por ocasião da distribuição dos mandados aos oficiais de justiça neles lotados, deverão agrupar os mandados direcionados ao CDP, à Cadeia Pública e à Delegacia de Polícia, bem como às

Fazendas Públicas, para efeito de margeamento de cota única, em razão de mandados cumpridos em um mesmo dia e local e mediante deslocamento único, fazendo carga simultânea ao oficial de justiça encarregado da diligência. A devolução dos mandados, assim agrupados, ensejará margeamento único pelo oficial de justiça.

Margeamento é o ato de lançar à margem da certidão correspondente, a quilometragem percorrida em linha reta, registrando somente a ida e número de atos correspondentes.

---

§ 6º O ato único não se descaracteriza, para fins de ressarcimento, em razão do cumprimento, em diligências distintas, dos diversos atos que o compõe.

Exclusivamente para fins de ressarcimento do oficial de justiça, o ato único não é de modo algum descaracterizado em razão do cumprimento dos diversos atos que o compõe, mesmo que sejam realizadas diligências distintas.

Isso significa que no ato único uma única cota ressarcirá todas as diligências necessárias à prática dos diversos atos que compõem o ato único, ainda que o resultado seja negativo e as diligências distintas.

Cálculo das Distâncias

DAS DISTÂNCIAS AFERIDAS EM RAIOS

Art. 1.008. As distâncias percorridas pelos oficiais de justiça, para o cumprimento de diligências, nos mandados pagos das Comarcas do Interior e nos mandados gratuitos da Comarca da Capital e do Interior, serão aferidas pelo sistema de raios.

As distâncias percorridas pelos oficiais de justiça serão avaliadas pelo sistema de raios. Esse sistema não leva em consideração as trajetórias com os seus percalços, efetivamente percorridas pelos oficiais de justiças. Portanto, não considera as curvas, as vias de contramão, as vias interditadas, as enchentes e as ruas inacessíveis.

Em Geometria Plana, o raio é definido como um segmento de reta que possui uma extremidade no centro de uma circunferência e a outra extremidade num ponto qualquer da circunferência. É a distância que se estende do centro a um ponto qualquer da circunferência. Qualquer segmento de reta que seja delimitada pela extremidade de uma circunferência ou por um ponto que represente o seu centro, será o raio dessa circunferência.

O sistema de raios considera a sede o juízo como sendo o centro, a partir do qual serão aferidas as distâncias em raios para cumprimento dos atos processuais. Portanto, traça-se uma linha reta que nasce na sede do juízo e morre no local do cumprimento do ato processual.

Nas Comarcas do Interior, os mandados pagos e os mandados gratuitos serão aferidos pelo sistema de raios. Entretanto, na Comarca da Capital somente os mandados gratuitos serão aferidos pelo sistema de raios.

---

§ 1º Na Comarca da Capital, considera-se raio a linha reta da distância percorrida para o cumprimento de uma ou mais diligências, a partir da sede do juízo, desconsideradas as curvas, vias de contramão, interdições, enchentes e ruas inacessíveis.

Esse parágrafo define o que é considerado raio na Comarca da Capital. Conforme esclarecimento considera-se raio, a linha reta da distância da sede do juízo até o local do cumprimento de uma ou mais diligências. Para isso, não leva em consideração as curvas, vias de contramão, interdições, enchentes e ruas inacessíveis, levando o oficial de justiça a fazer desvios.

---

§ 2º Nas Comarcas do Interior, a matéria será regulamentada pelo Juiz Diretor do Fórum ou, onde houver, pelo Juiz Corregedor da SADM, por meio de portaria, consignando-se as distâncias, em linha reta, da sede do juízo, a todos os bairros e municípios da comarca, a comarcas contíguas, bem como a pontos importantes (INSS, Prefeitura, estabelecimentos prisionais, etc.). A portaria de distâncias também definirá local vizinho e será atualizada sempre que necessário (mudança da sede do juízo, criação de novos bairros, instalação de presídios, etc.). Cópia da portaria será encaminhada à Corregedoria

Geral da Justiça, a qual, depois de aprovada, será remetida pelo juízo à publicação no Diário da Justiça Eletrônico, para conhecimento das partes, advogados e população em geral.

Nas Comarcas do Interior a aferição das distâncias percorridas pelos oficiais de justiça pelo sistema de raios em mandados pagos será regulamentada pelo Juiz Diretor do Fórum – ou onde houver – pelo Juiz Corregedor da SADM, por meio de portaria de distâncias.

A portaria de distância a ser baixada deverá registrar as distâncias em linha reta a partir da sede do juízo aos seguintes pontos:

1. Em todos os bairros da comarca,
2. Em todos os municípios da comarca,
3. Em todas as comarcas contíguas,
4. Nos pontos importantes, como INSS, Prefeitura, estabelecimentos prisionais etc.
5. Também deverá definir local vizinho.

A portaria de distância deverá ser atualizada sempre que for necessário, quando ocorrer a mudança da sede do juízo, quando for criado nossos bairros, instalação de presídios etc.

Quando a portaria de distância for elaborada, cópia deverá ser encaminhada à Corregedoria Geral da Justiça, que deverá aprova-la.

Depois de aprovada, a portaria de distância deverá ser remetida pelo juízo para publicação no Diário da Justiça Eletrônico, para conhecimento das partes, advogados e população em geral.

§ 3º Os oficiais de justiça valer-se-ão dos critérios da economicidade e da celeridade, ao traçarem seus roteiros para cumprimento das diligências.

Visando alcançar um maior racionalidade, rendimento, produtividade, celeridade e eficiência nas atividades realizadas pelos oficiais de justiça, essa norma estabelece que eles devem fazer uso em seus roteiros, para cumprimento das diligências, os critérios da economicidade e da celeridade.

No critério da economicidade o oficial de justiça deve traçar um roteiro onde procurará agrupar um número máximo de mandados por proximidade de endereços para que, ao percorrer a distância para o cumprimento de uma ou mais diligências, possa maximizar o número de atos possíveis. O oficial de justiça concentra o número máximo dos mandados que podem ser cumprindo nas proximidades de um mesmo local. Quando isso for impossível, sempre deve ser realizado em poucos deslocamentos. Com isso, o oficial economiza tempo e despesas. Esse critério preconiza o máximo resultado na atuação do oficial de justiça com o mínimo de deslocamento necessário às suas atividades.

O critério da celeridade traz o sentido de realizar os atos processuais com rapidez, celeridade, presteza, sem causar prejuízo em relação à segurança jurídica. Tal princípio visa viabilizar o resultado efetivo da forma mais rápida possível. Com esse critério tem-se o cumprimento eficaz da função do Poder Judiciário.

O critério da celeridade se entende eficiente com a adoção de algumas medidas salutares, tais como a concentração de mandados a serem cumpridos em único deslocamento, cumprimento imediatos dos mandados etc.

Art. 1.009. O escrivão do ofício de justiça ou o servidor responsável pela Seção Administrativa de Distribuição de Mandados manterá rigorosa fiscalização sobre o lançamento das despesas de condução dos oficiais de justiça, tendo em vista sua responsabilidade funcional solidária com eventual conduta irregular dos referidos serventuários. Para esse mister observar-se-ão atentamente estas Normas de Serviço e os pareceres normativos da Corregedoria Geral da Justiça, valendo-se, quando necessário, da orientação dos respectivos Juízes Corregedores Permanentes.

É dever funcional do escrivão do Ofício de Justiça ou do servidor responsável pela Seção Administrativa de Distribuição de Mandados a manter rigorosa fiscalização sobre o lançamento das despesas de condução dos oficiais de justiça. Por essa razão eles são responsáveis solidariamente com eventual conduta irregular dos oficiais de justiça, caso venham a aboná-la.

Para que não venham a incorrer em erros ou vícios, deverão ter amplos conhecimentos das Normas de Serviço e os pareceres normativos da Corregedoria Geral da Justiça que tratam deste assunto. Quando for necessário, deverão informar ou consultar os respectivos Juízes Corregedores Permanentes e valer-se de suas orientações.

Subseção II
Dos Mandados Pagos

Leandro Bertoldo
Das Despesas de Condução dos Oficiais de Justiça

Depósito das Cotas

SOBRE O RECOLHIMENTO DAS COTAS

Art. 1.010. As cotas de ressarcimento de despesas de condução dos oficiais de justiça, adiantadas e ressarcidas pelos interessados, são fixadas em Unidades Fiscais do Estado de São Paulo – UFESPs.

As cotas de ressarcimento de despesas de condução dos oficiais de justiça devem ser antecipadamente ressarcidas pelos interessados.

"O mandado não será entregue ao oficial de justiça sem a comprovação do recolhimento das despesas de condução, com exceção das hipóteses de diligência gratuita ou de urgência, assim determinadas pelo juiz" (Art. 1.044).

Tais cotas serão adiantadas pela parte mediante depósito do valor em conta corrente à disposição do juízo, para que o oficial de justiça tenha os meios necessários para cumprir os atos da ordem judicial. Sendo vedado ao oficial de justiça o recebimento de qualquer numerário diretamente da parte (Art. 997-NSCGJ).

As cotas de ressarcimento para a condução do oficial de justiça visando o cumprimento do mandado são fixadas em Unidades Fiscais do Estado de São Paulo – UFESPs.

Parágrafo único. Os novos valores, decorrentes do reajustamento da UFESP, não se aplicarão

aos depósitos antes efetuados, ainda que o correspondente mandado não tenha sido expedido ou cumprido.

Toda vez que o valor da UFESP sofrer algum reajuste, as diferenças dos novos valores não serão aplicadas aos depósitos anteriormente efetuados que se encontram nos autos. Mesmo que o mandado ainda não tenha sido expedido pela serventia ou cumprido pelo oficial de justiça.

NAS COMARCAS DA CAPITAL

Art. 1.011. Na Comarca da Capital, o valor de cada cota de ressarcimento, correspondente a todas as diligências necessárias à prática de cada ato objeto da ordem judicial, ainda que o resultado seja negativo, é fixado em três (03) UFESPs.

Na Comarca da Capital, a cota de ressarcimento foi fixada pelo Tribunal de Justiça do Estado de São Paulo em três UFESPs. Essa cota corresponderá a todas as diligências necessárias a pratica de cada ato objeto da ordem judicial, ainda que o resultado das diligências realizadas pelo oficial de justiça sejam negativo.

Parágrafo único. Haverá o recolhimento de uma cota de ressarcimento para cada destinatário da ordem judicial constante do mandado, independentemente da quantidade de endereços ou das diligências necessárias à prática do ato, ressalvado o disposto no art. 1.007.

A cota de ressarcimento é devida por **cada ato processual** efetivado em relação a **cada destinatário** da ordem judicial **constante do mandado**, ainda que no mesmo endereço ou em endereços diferentes exceto com relação aos atos contínuos quando executados simultaneamente no mesmo endereço e conterá o mesmo destinatário ou mesmo bem, tais como: penhora intimação; penhora e depósito; citação e intimação, busca e apreensão e citação, penhora ou avaliação de mais de um imóvel quando realizados no mesmo local, data e hora, dentre outros.

O oficial de justiça terá direito a uma única cota de ressarcimento por ato judicial praticado, independentemente do resultado (positivo ou negativo) e independentemente da quantidade de diligências ou de deslocamentos realizados, desde que tenha exaurindo o mandado.

NAS COMARCAS DO INTERIOR

Art. 1.012. Nas Comarcas do Interior, o valor da cota de ressarcimento é fixado em três (03) UFESPs, correspondente a todas as diligências necessárias à prática de cada ato objeto da ordem judicial, ainda que o resultado seja negativo, até a distância de 50 (cinquenta) quilômetros da sede do Juízo. Além desse raio, a cada faixa de 10 (dez) quilômetros ou fração, só de ida, aquele valor será acrescido do equivalente a 0,5 (meia) UFESP.

Nas Comarcas da Capital e do Interior, o valor de cada cota de ressarcimento é fixado em 03 (três) Unidades Fiscais do Estado de São Paulo - UFESPs.

Entretanto, na Comarca do Interior, o critério de ressarcimento de mandados leva em consideração a distância medida em raios para o cumprimento do ato ou atos contidos na ordem judicial, considerando o critério da linha reta para aferição das distâncias, que é objetivo e de fácil conferência.

Nas Comarcas do Interior, até a distância de 50 (cinquenta) quilômetros da sede do Juízo, o valor de cada cota de ressarcimento é fixado em três (03) UFESPs, por ato processual em relação a cada destinatário da ordem judicial, constante do mandado.

Destarte, o ressarcimento previsto para cada cota (03 UFESPs) é o quanto suficiente para cobrir as despesas de deslocamento do oficial de justiça por uma distância de até 50 (cinquenta) quilômetros num raio traçado tomando como referência a sede do Juízo. Além desse raio, a cada faixa ou fração de 10 quilômetros, só de ida, o valor será acrescido do equivalente a meia UFESP.

O número de diligências realizadas pelo Oficial de Justiça para cumprimento de uma única ordem judicial, no mesmo endereço ou em qualquer outro, são irrelevantes para fins de ressarcimento das despesas de locomoção, cabendo o recolhimento, tão somente, do valor fixado nas Normas de Serviço da Corregedoria Geral da Justiça.

DA PORTARIA DE DISTÂNCIAS

§ 1º O Juiz Diretor do Fórum ou, onde houver, o Juiz Corregedor da SADM editará portaria, com base nas distâncias da portaria prevista no § 2º do art. 1.008, contendo os valores das cotas de ressarcimento (por exemplo: até 50 Km – 03 UFESPs - R$ X; a de 50,01 60 km – 3,5 UFESPs - R$ X + Y; de 60,01 a 70 Km – 04 UFESPs – R$ X + 2Y, e assim sucessivamente). A portaria, atualizada sempre que houver alteração do valor da UFESP, será publicada no Diário da Justiça Eletrônico, para conhecimento das partes, advogados e população em geral.

Em atenção do art. 1.008 § 2º, o Juiz Corregedor da SADM deverá editar portaria de distâncias. Caso não haja na comarca a SADM, então a responsabilidade pela edição da portaria de distância cabe ao Juiz Diretor do Fórum.

A portaria de distâncias deverá conter as exigências estabelecidas no art. 1.008 § 2º, indicando as distâncias em linhas retas originando-se a partir da sede do juízo e estendida a todos os bairros e municípios da comarca, definindo locais vizinhos. Também deverá consignar as comarcas contíguas, bem como a pontos importantes (INSS, Prefeitura, estabelecimentos prisionais, etc.).

A portaria de distâncias indicará expressamente as distâncias com o respectivo valor das cotas de ressarcimento equivalentes. Observe os seguintes exemplos:

1. Numa distância de até 50 quilômetros as cotas de ressarcimento corresponderão a 03 UFESPs, cujo valor é de R$ 63,75.

2. Numa distância de 50,01 a 60 quilômetros as cotas de ressarcimento corresponderão a 3,5 UFESPs, cujo valor é de R$ 63,75 + R$ 10,62.

3. Numa distância de 60,01 a 70 quilômetros as cotas de ressarcimento corresponderão a 4 UFESPs, cujo valor é de R$ 63,75 + R$ 21,25.

4. E, assim, sucessivamente.

A portaria de distância deverá ser obrigatoriamente atualizada toda vez que houver alteração do valor da UFESP. Devendo ainda ser publicada no Diário da Justiça Eletrônico, para conhecimento das partes, dos advogados e da população em geral.

LANÇAMENTO DAS DESPESAS

§ 2º Nas Comarcas do Interior, o oficial de justiça cotará, logo após a certidão lançada no mandado, as despesas de condução para a prática do ato, indicando a distância da sede do juízo.

Nas Comarcas do Interior, para que o oficial de justiça possa fazer jus ao levantamento e recebimento de suas cotas de ressarcimento, deverá lançar no mandado a sua certidão. Logo em seguida – conforme tradição – abaixo da certidão, deverá fornecer duas informações: 1ª) margear as despesas de condução despendidas para o cumprimento do ato processual; 2º) indicar claramente a distância que percorreu, para realização do ato processual, em raios a partir da sede do Juízo.

DILIGÊNCIAS EM ESTADOS VIZINHOS

§ 3º No cumprimento de atos no território das comarcas localizadas nos Estados vizinhos, de acordo com o "Protocolo de Cooperação" celebrado, o oficial de justiça, munido de um ofício de apresentação, dirigir-se-á ao Fórum local, onde os funcionários do respectivo ofício de justiça subordinados ao Juiz Diretor do Fórum lhe fornecerão todas as informações solicitadas, especialmente a respeito da localização e dos meios de acesso ao local designado para cumprimento do ato. Neste caso, o reembolso das despesas de condução será fixado, bem como os atos serão praticados, de acordo com as normas previstas neste capítulo.

Conforme o "Protocolo de Cooperação" celebrado entre os Estados vizinhos ao Estado de São Paulo, o oficial de justiça poderá cumprir atos processuais em territórios de comarcas vizinhas de outros Estados.

Para tanto, o oficial de justiça deverá ser municiado com um ofício de apresentação emitido pelo juiz da causa, e em seguida dirigir-se ao Fórum do território da comarca localizada no estado vizinho.

Nesse local, os funcionários do ofício de justiça, subordinados ao Juiz Diretor do Fórum, lhe prestarão todas as informações solicitadas pelo oficial de justiça, especialmente aqueles referente a localização e os meios de acesso ao local designado para cumprimento do ato processual.

No caso dos atos processuais realizados em território de comarcas localizadas em Estados vizinhos, "o reembolso das despesas de condução do oficial de justiça será fixado, bem como os atos serão praticados, de acordo com as normas previstas neste capítulo".

Desse modo, o oficial de justiça receberá uma única cota dentro do perímetro de 50 (cinquenta) quilômetros, avaliados num raio a partir da sede do Juízo. O valor de cada cota de ressarcimento é fixado em três (03) UFESPs, por ato processual em relação a cada destinatário da ordem judicial, constante do mandado. Caso o oficial de justiça venha a percorrer distância localizada além do raio fixado, então a cada faixa ou fração de 10 quilômetros, calculado somente o percurso de ida, o valor será acrescido do equivalente a meia UFESP.

UMA COTA PARA CADA DESTINATÁRIO

§ 4º **Haverá o recolhimento de uma cota de ressarcimento para cada destinatário da ordem judicial** constante do mandado, independentemente da quantidade de endereços ou das diligências necessárias à prática do ato, ressalvados o disposto no caput e no art. 1.007.

Haverá o recolhimento de uma única cota de ressarcimento para cada destinatário da ordem judicial registrado no mandado, independentemente da **quantidade de endereços** fornecidos. "Nos mandados em geral, constarão todos os endereços dos destinatários da ordem judicial, declinados ou existentes nos autos, inclusive do local de trabalho" (Art. 105, § 1º NSCGJ).

Em havendo endereços distinto constante no mandado para intimação ou citação e não sendo encontrada a pessoa no primeiro endereço, a diligência terá continuidade, dirigindo-se o oficial de Justiça em todos os endereços registrados no mandado, valendo consignar que apenas uma cota de ressarcimento deverá ser cotada na certidão dentro de um raio de 50 quilômetros, com o acréscimo de meia UFESP a cada faixa ou fração de 10 quilômetros, caso seja necessário ultrapassar os 50 quilômetros.

A norma prevê que haverá o recolhimento de uma única cota de ressarcimento para cada destinatário da ordem judicial registrado no mandado, independentemente da **quantidade de diligências** necessárias à prática do ato. "O oficial de justiça deverá cumprir diligência em outro endereço, ainda que não constante do mandado, quer seja obtido por indicação no local da diligência, quer seja fornecido pela parte, desde que no seu setor de atuação" (NSCGJ – Art. 1077).

Quando houver apenas um endereço indicado no mandado judicial e a pessoa a ser intimada nele não for encontrada e obtida a informação no local de que poderá ser encontrada em outro endereço, haja vista que "antes de o oficial de justiça certificar a impossibilidade da prática do ato, esgotará todos os meios de concretização, especificando na certidão as diligências efetuadas" (Art. 1.004-NSCGJ).

Para cumprimento do mesmo ato processual o oficial de justiça efetuará diligências em endereços diferentes, e fará jus somente a uma cota de ressarcimento, desde que dentro do raio de 50 quilômetros da sede do Fórum. Não importa o número de diligências encetadas pelo Oficial de Justiça para a efetivação de um único ato, a não ser que comprovadamente as diligências sejam efetuadas num raio acima de 50 quilômetros da sede do fórum.

Caso assim, não proceda "considera-se não praticado, para fins de ressarcimento de despesas, o ato que infringir os requisitos estabelecidos neste Capítulo" (Art. 1.005-NSCGJ).

Haverá o recolhimento de uma cota de ressarcimento para cada destinatário da ordem judicial constante do mandado, ressalvados o ato único para fins de ressarcimento do oficial de justiça.

Art. 1.013. Os valores despendidos pelo oficial de justiça com pedágio rodoviário, balsa ou ferry boat, no cumprimento de mandados pagos, serão recolhidos antecipadamente por meio da respectiva guia, se o interessado, ciente da circunstância, souber de antemão o valor do gasto excepcional. Do contrário, o oficial margeará a despesa que suportar no mandado, para que depois venha a ser ressarcido pelo interessado.

No cumprimento de mandados pagos, além da cota de ressarcimento de 03 (três) UFESPs, por cada ato processual e por cada destinatário da ordem judicial, dentro do perímetro de raio de 50 quilômetros, com acréscimo de meia UFESP a cada faixa ou fração de 10 quilômetros que ultrapassar os 50 quilômetros, também haverá a reposição dos gastos despendidos pelo oficial de justiça com:

a) pedágio rodoviário (direito de passagem mediante pagamento de taxa ao poder publico, a uma autarquia ou a uma concessionária delegada para ressarcir custos de contrução e manuntençao de uma via de transporte).

b) balsa ou ferry boat (embarcação de fundo chato que opera próximo às margens e em águas rasas, muitas vezes empregadas para transportar veículos de uma margem para outra).

A norma estabelece que, caso a parte interessada tenha ciência dessa circunstância e souber de antemão qual é o seu valor, deverá antecipar o recolhimento das despesas excepcionais na correspondente guia de depósito.

Caso a parte interessada desconheça essa circunstância excepcional, o oficial de justiça deverá cumprir o mandado normalmente. Ao final deverá margear a despesa que suportou no mandado, para que depois venha a ser ressarcido pela parte interessada.

Art. 1.014. Ressalvados os casos de diligências gratuitas, o autor, logo após a distribuição da inicial, comprovará o recolhimento do valor devido. Igual comprovação será feita com o requerimento de realização de diligências no curso do processo, sem o que não serão efetuadas.

Não sendo o caso de diligências gratuitas, as despesas de condução dos oficiais de justiça serão reembolsadas antecipadamente por cotas de ressarcimento.

Desse modo, o autor deverá comprovar o recolhimento do valor das cotas de ressarcimento devidas à condução do oficial de justiça logo após a distribuição de sua petição inicial. Caso venha a requerer a realização de diligências durante o curso do processo, o autor deverá comprovar o recolhimento do valor da cota de ressarcimento devida ao oficial de justiça, sem a comprovação do recolhimento da referida cota, as diligências não serão realizadas.

O recolhimento da cota de ressarcimento para realização das diligências pelo oficial de justiça é providência imprescindível à citação da parte requerida e consequente prosseguimento do feito. Em caso de não recolhimento, a parte autora será intimada por meio de seu patrono pelo Diário da Justiça Eletrônico. No caso de descumprimento da determinação, a distribuição será cancelada nos termos do art. 257 do CPC, e o processo extinto por ausência de pressuposto de constituição e de desenvolvimento válido e regular do processo, art. 267, IV do CPC.

Art. 1.015. Nas buscas e apreensões, em casos de crimes contra a propriedade imaterial, as quantias referentes ao pagamento das despesas com condução deverão ser também previamente adiantadas.

Os crimes contra a propriedade imaterial são aqueles que ocorrem contra a atividade criadora das pessoas, fruto de seu intelecto e cuja proteção constitucional está prevista no artigo 216 da Constituição Federal. Podem ocorrer os seguintes ilícitos: violação do direito autoral, artigos 184 e 186; aqueles previstos na Lei 9.279/96 (crimes contra as patentes – artigos 183 a 186; crimes contra os desenhos industriais – artigos 187 e 188; crimes contra as marcas - artigos 189 e 190; crimes cometidos por meio de marcas – artigos 189 e 190; crimes cometidos por meio de marca, título de estabelecimento e sinal de propaganda – artigo 191; crimes contra as indicações geométricas e demais indicações – artigos 192 a 194; crimes de concorrência desleal – artigo 195).

Desse modo, as Normas de Serviços da Corregedoria Geral da Justiça estabelece que, nas ações de busca e apreensão no procedimento dos crimes contra a propriedade imaterial, a parte interessada deverá previamente adiantar as cotas de ressarcimento referentes ao pagamento das despesas com condução do oficial de justiça.

Dos Comprovantes

DO PAGAMENTO DAS DILIGÊNCIAS

Art. 1.016. O recolhimento das despesas de condução será efetuado por meio de guia própria (GRD – guia de recolhimento de diligências), para crédito em conta aberta na agência ou posto bancário, da comarca ou fórum, a que distribuído o feito correspondente.

O recolhimento das cotas de ressarcimento das despesas de condução dos oficiais de justiça será realizado na chamada Guia de Recolhimento de Diligências – GRD.

A guia é imprescindível para que as despesas de condução do oficial de justiça sejam creditadas em conta aberta na agência ou posto bancário da comarca ou fórum em que o feito correspondente for distribuído.

Atualmente, o formulário da guia de depósito – Oficiais de Justiça está disponível em todas as Agências do Banco do Brasil, podendo também ser obtido na Internet, para preenchimento e emissão no site: http://www.bb.com.br/portalbb/home23,112,112,15,0,1,3.bb

Parágrafo único. A guia de recolhimento das despesas de diligência (GRD) terá 5 (cinco) vias (modelo próprio), destinando-se a primeira ao estabelecimento de crédito, a segunda à parte, a terceira e quarta à guarda pelo escrivão, a quinta ao entranhamento nos autos.

A Guia de Recolhimento de Diligências – GRD – é padronizada num modelo próprio, disponível nas Agências do Branco do Brasil.

Essa guia é composta por 5 (cinco) vias. Sendo que a primeira é destinada ao estabelecimento bancário; a segunda é destinada à parte depositante; a terceira e a quarta via é destinada à guarda pelo escrivão da serventia e a quinta e última é destinada à juntada nos autos.

Art. 1.017. O preenchimento da guia poderá ser feito diretamente no sítio eletrônico do Banco do Brasil na internet, do qual será gerado o correspondente boleto de pagamento. Além da indicação do valor e da conta corrente do depósito, o interessado preencherá a guia informando os nomes do depositante e das partes (autor e réu), a comarca ou fórum onde ajuizado o feito, o ano do processo e, quando conhecidos, a vara de tramitação e o número do processo.

O formulário da Guia de Recolhimento de Diligências (GRD) dos oficiais de justiças encontra-se disponível em todas as Agências do Banco do Brasil.

O preenchimento e emissão do correspondente boleto de pagamento da Guia de Recolhimento de Diligências (GRD) poderá ser realizado diretamente na Internet, no sítio eletrônico do Banco do Brasil :
http://www.bb.com.br/portalbb/home23,112,112,15,0,1,3.bb

Quanto ao preenchimento da Guia de Recolhimento de Diligências, o interessado deverá indicar o seguinte:

1. O valor do depósito das cotas recolhidas;
2. O número da conta corrente do depósito;

3. Anotar o nome do depositante;
4. Informar o nome das partes (autor e réu);
5. Indicar a Comarca ou Fórum onde foi ajuizado o feito;
6. Anotar o ano do processo;
7. Quando conhecido, deverá informar a vara onde o feito foi distribuído;
8. Quando conhecido, deverá informar o número do processo.

---

§ 1º O boleto de pagamento terá 4 (quatro) vias: a 1ª (primeira) será destinada à parte, a 2ª (segunda) entranhada nos autos, a 3ª (terceira) e 4ª (quarta) anexadas ao mandado.

Após o pagamento do boleto das diligências do oficial de justiça, o estabelecimento bancário destacará sua via correspondente e devolverá ao seu cliente a parte restante. Então restarão do boleto apenas quatro vias. Segundo esse parágrafo, a primeira via é destinada à parte depositante; a segunda deverá ser entranhada nos autos, a terceira e a quarta via deverá ser anexadas ao mandado.

---

§ 2º O interessado poderá efetuar o pagamento do boleto em qualquer estabelecimento da rede bancária, a atendente de caixa ou em terminal de autoatendimento, ou ainda através de internet banking.

O pagamento do boleto é obrigatório. Depois de devidamente preenchido, o boleto pode ser pago em qualquer agência do Banco do Brasil, estabelecimentos bancários, atendente de caixa, terminal de autoatendimento, ou mesmo em internet banking.

A internet banking permite realizar transações, pagamentos e outras operações financeiras pela internet por meio de uma página segura de banco.

COMPROVANDO O PAGAMENTO NOS AUTOS

§ 3º O depositante apresentará 3 (três) vias do boleto ao ofício de justiça e, caso o recolhimento não esteja autenticado mecanicamente, anexará a cada uma das vias o devido comprovante de pagamento, fornecido pelo atendente de caixa, terminal de autoatendimento ou internet banking. Se o estabelecimento bancário fornecer apenas um comprovante de pagamento (filipeta), caberá ao interessado extrair cópias para anexar às outras duas vias do boleto.

A parte interessada deverá comprovar o depósito das diligências do oficial de justiça junto ao ofício de justiça onde tramita o seu processo. Para isso, deverá apresentar 3 (três) vias do boleto, comprovando o recolhimento do valor das cotas de ressarcimento. Porém, diversas podem ser as situações:

1. Caso o recolhimento não esteja autenticado mecanicamente nas respectivas vias do boleto, então o depositante deverá anexar em cada uma das três vias o devido comprovante de pagamento fornecido pelo estabelecimento da rede bancária, atendente de caixa, terminal de autoatendimento, ou ainda internet banking.

2. Quando o estabelecimento bancário fornecer apenas uma filipeta (comprovante de pagamento), a parte interessada deverá extrair cópias para anexar às outras duas vias do boleto. Isso implica que a filipeta original deverá acompanhar uma das três vias do boleto.

Art. 1.018. À exceção das hipóteses de diligência gratuita ou de urgência, assim determinadas pelo juiz, o mandado não será entregue ao oficial de justiça antes da apresentação, na unidade judicial, de 3 (três) vias da GRD ou do boleto bancário da GRD, com a comprovação, em cada uma das vias, do recolhimento do valor devido – autenticação mecânica ou comprovante de pagamento fornecido pelo banco recebedor.

Esse artigo novamente realça a necessidade da parte interessada em antecipar o depósito dos valores da cota de ressarcimento, sem o qual o mandado não será entregue ao oficial de justiça para o devido cumprimento.

O mandado será entregue ao oficial de justiça para cumprimento, sem a antecipação das cotas de ressarcimento pela parte interessada, somente no caso de diligência gratuita ou diligência de urgência, desde que determinadas pelo juiz.

A parte interessada deverá apresentar na unidade judicial, juntos aos autos, as três vias da Guia de Recolhimento de Diligência ou o boleto bancário da Guia de Recolhimento de Diligência, com a comprovação em cada uma das vias do recolhimento do valor da cota de ressarcimento devida.

As Guia de Recolhimento de Diligências deverão conter em seu corpo a autenticação mecânica do banco recebedor ou estarem acompanhadas do comprovante de pagamento também fornecido pelo banco recebedor.

Parágrafo único. Aplicam-se as disposições supra à entrega de mandado aditado, devolvido anteriormente com cumprimento parcial. Eventual devolução parcial do depósito anterior, recolhido na forma do art. 1.017, será feita mediante expedição de mandado de levantamento judicial, se o requerer o interessado.

A comprovação antecipada nos autos do depósito das cotas de ressarcimento das diligências do oficial de justiça, mediante a Guia de Recolhimento de Diligências, também se aplica aos mandados aditados, que anteriormente fora devolvido com cumprimento parcial.

Na eventual hipótese de devolução parcial de quantias anteriormente depositadas, o levantamento será realizado mediante a expedição de Mandado de Levantamento Judicial, desde que a parte interessada venha requerer a restituição.

Art. 1.019. Se o depósito feito revelar-se insuficiente, deverá o interessado complementá-lo, incumbindo ao oficial de justiça representar ao juiz para as providências necessárias.

Caso o depósito da cota de ressarcimento seja insuficiente para a realização das diligências, a parte interessada deverá complementar o valor faltante antecipadamente.

Por ser o maior interessado nas cotas de ressarcimento, o oficial de justiça está incumbindo de informar ao juiz a insuficiência do depósito, quando então o juiz tomará as providências necessárias, intimando a parte interessada para efetuar o depósito da diferença faltante no prazo de cinco dias.

Art. 1.020. Quando o interessado oferecer condução ao oficial de justiça, deverá, desde logo, indicar dia, hora e local em que a condução estará à disposição, não havendo nesta hipótese recolhimento do valor das despesas.

A parte interessada estará dispensada de recolher as cotas de ressarcimento de despesas de condução dos oficiais de justiça caso queira fornecer a condução ao oficial de justiça por sua própria conta.

Nessa hipótese, deverá, desde logo, indicar em sua petição o dia, hora e local em que a condução estará à disposição do oficial de justiça para cumprimento das diligências necessárias à realização do ato processual.

Procedimentos Cartorários

DA DEVOLUÇÃO DO MANDADO

Art. 1.021. Devolvido o mandado cumprido, integral ou parcialmente, servidor responsável:
I - dará baixa da carga no sistema informatizado oficial ou em livro próprio;
II - verificará, com base na certidão expedida pelo oficial de justiça, e nas disposições constantes da legislação processual e destas Normas de Serviço, a quantidade de cotas de ressarcimento devida;
III - anotará, com sua rubrica, o número de cotas nas vias da GRD ou do boleto bancário da GRD anexadas ao mandado, devolvendo-as ao oficial de justiça.

Após o oficial de justiça devolver o mandado cumprido, que pode ser integral ou parcial, o escrivão ou o servidor responsável pela SADM deverá adotar os seguintes procedimentos:

1. Deverá dar baixa da carga no sistema informatizado oficial. Caso, ainda faça uso do sistema informatizado oficial, deverá proceder à baixa da carga no livro próprio;

2. Deverá conferir a quantidade de cotas de ressarcimento efetivamente devida ao oficial de justiça. Para a correta aferição deverá confrontar a certidão elaborada pelo oficial de justiça com as disposições constantes da legislação processual e com as Normas de Serviço da Corregedoria Geral de Justiça;

3. O servidor responsável deverá anotar, com a sua rubrica, nas vias da Guia de Recolhimento de Diligência ou no boleto bancário da Guia de Recolhimento de Diligência, o número de cotas realmente devidos, devolvendo-as ao oficial de justiça.

DO CRÉDITO DAS DILIGÊNCIAS

Art. 1.022. No dia 20 (vinte) de cada mês, ou no primeiro dia útil subsequente, o escrivão ou o servidor responsável pela SADM remeterá, ao estabelecimento bancário, relação correspondente aos mandados devolvidos no período anterior, conforme modelo próprio. A relação será elaborada pelo oficial de justiça, com base no número de cotas especificadas pelo servidor responsável (art.1.021, inciso III), e assinada pelo escrivão judicial e pelo Juiz Corregedor.

O escrivão ou o servidor responsável pela SADM deverá remeter mensalmente ao estabelecimento bancário a relação correspondente aos mandados devolvidos pelo oficial de justiça no período anterior, conforme modelo próprio.

Essa relação será remetida ao estabelecimento bancário sempre no dia 20 (vinte) de cada mês, ou no primeiro dia útil subsequente.

A relação correspondente aos mandados devolvidos no período anterior deverá ser elaborada pelo próprio oficial de justiça. Para tanto, o oficial de justiça deverá tomar como base o número de cotas de ressarcimento indicada pelo escrivão ou pelo servidor responsável pela SADM.

A relação elaborada pelo oficial de justiça deverá ser assinada pelo escrivão judicial e também pelo Juiz Corregedor.

§ 1º O ressarcimento do oficial de justiça será creditado em sua conta corrente, a ser aberta na mesma agência ou posto do Banco do Brasil S/A do fórum do juízo ou comarca em que lotado, dela dando conhecimento ao escrivão e ao Juiz Corregedor.

O ressarcimento das despesas de condução do oficial de justiça será creditado mensalmente em sua conta corrente.

Para tanto, o oficial de justiça deverá manter conta bancária aberta na mesma agência ou posto do Banco do Brasil S/A do fórum do juízo ou comarca em que está lotado.

Finalmente, o oficial de justiça deverá informar o número de sua conta bancária ao escrivão ou ao servidor responsável pela SADM, e ao Juiz Corregedor.

§ 2º Uma das vias da GRD ou do boleto bancário da GRD, entregue ao oficial de justiça (art. 1.021, inciso III), será devolvida com a relação de mandados, para ser arquivada em classificador próprio, juntamente com cópia da autorização para crédito em conta, devidamente assinada pelo Juiz Corregedor e pelo escrivão, quando do pagamento, em nome de cada oficial de justiça (§ 1º).

Quando o oficial de justiça encaminhar ao escrivão ou ao servidor responsável pela SADM a relação correspondente aos mandados devolvidos, conforme modelo próprio, também deverá devolver uma das duas vias da Guia de Recolhimento de Diligência ou do boleto bancário da Guia de Recolhimento de Diligência em seu poder.

A referida via da Guia de Recolhimento de Diligência ou do boleto bancário deverá ser arquivada na unidade cartorária ou na SADM em classificador próprio, juntamente com uma cópia da autorização para crédito em conta aberta pelo oficial de justiça.

A autorização para crédito em nome de cada oficial de justiça deverá ser assinada pelo Juiz Corregedor e pelo escrivão, por ocasião do pagamento.

§ 3º A outra via da GRD ou do boleto bancário da GRD, entregue ao oficial de justiça, permanecerá com o mesmo, para fins de controle.

Quando da carga do mandado, o oficial de justiça recebe anexado ao mandado a 3ª e 4ª via do boleto de pagamento das diligências.

Quando elabora relação correspondente aos mandados devolvidos no período anterior, deverá devolver uma das vias da Guia de Recolhimento de Diligência ou do boleto bancário da Guia de Recolhimento de Diligência.

A via remanescente da Guia de Recolhimento de Diligência ou do boleto bancário da Guia de Recolhimento de Diligência, que estava em poder do oficial de justiça, deverá continuar em seu poder para fins de controle de pagamento.

§ 4º A autorização de crédito em conta, a ser arquivada, deverá, obrigatoriamente, ser preenchida de forma integral, nos campos próprios (nome do oficial, nº

do processo, nº de atos realizados e das respectivas cotas de ressarcimento, nº do R.G., nº da conta corrente, nº da guia e valor), vedada a não discriminação das informações.

A autorização de crédito em conta do oficial de justiça deverá ser arquivada em pasta própria junto à serventia, juntamente com uma das vias da Guia de Recolhimento de Diligência ou do boleto bancário da Guia de Recolhimento de Diligência.

A autorização de crédito em conta do oficial de justiça deverá ser rigorosamente preenchida de forma completa, nos campos próprios. Deverão constar os seguintes dados:

1. O nome do oficial de justiça;
2. Número do processo;
3. Número de atos realizados;
4. Número das respectivas cotas de ressarcimento;
5. Número do RG do oficial de justiça;
6. Número da conta corrente do oficial de justiça:
7. Número da Guia de Recolhimento da Diligência;
8. Valor. Sendo proibida a não discriminação dessas informações.

---

§ 5º Em caso de cumprimento parcial do mandado, ou em qualquer hipótese de depósito a maior pelo interessado, o valor a ser creditado corresponderá apenas ao dos atos relativos às diligências realizadas, qualquer que seja seu resultado. O escrivão expedirá mandado para levantamento judicial do valor integral do excesso, em favor de quem fez o depósito, na data fixada no caput deste artigo, se este o requerer.

O valor a ser creditado na conta do oficial de justiça deverá corresponder somente aos atos realizados. Desse modo:

Em caso de cumprimento parcial do mandado, o valor a ser creditado na conta do oficial de justiça corresponderá tão-somente aos dos atos processuais realizados, qualquer que seja o seu resultado.

Em caso de qualquer hipótese de depósito a maior pela parte interessada, o valor a ser creditado na conta do oficial de justiça corresponderá apenas aos dos atos relativos às diligências realizadas, qualquer que seja o seu resultado.

Quanto ao valor do depósito excessivo, o escrivão expedirá Mandado de Levantamento Judicial do valor integral do excesso, em fazer da parte interessada, na data fixada no caput deste artigo (dia 20 de cada mês, ou no primeiro dia útil subsequente), caso a parte interessa venha a requerer o referido levantamento.

§ 6º Na hipótese da devolução de mandado sem cumprimento, o valor recolhido poderá ser utilizado pela parte em outra diligência, dentro do mesmo processo, facultado o levantamento do valor nos termos do § 5º deste artigo.

Caso o oficial de justiça venha a devolver o mandado sem o seu devido cumprimento, então o valor recolhido poderá ser empregado pela parte interessada em outra diligência, desde que seja dentro do mesmo processo. Ficando facultado à parte interessada solicitar o levantamento do referido valor.

Aqui cabe uma observação. Não se confunde mandado devolvido sem cumprimento, com mandado devolvido com diligência negativa. No primeiro caso, o oficial de justiça deixa de cumprir o mandado; enquanto que no segundo caso, o oficial de justiça cumpre o mandado, porém a diligência é negativa.

DAS DÚVIDAS E DIVERGÊNCIAS

Art. 1.023. As dúvidas e divergências serão decididas pelo juiz da causa ou pelo juiz corregedor, conforme ocorram dentro ou fora do âmbito do processo, com recurso sem efeito suspensivo para a Corregedoria Geral da Justiça, em instrumento apartado, no prazo de 15 (quinze) dias.

As Normas de Serviços da Corregedoria Geral da Justiça estabelecem que as dúvidas suscitadas e divergências levantadas pelos servidores, oficiais de justiça, advogados ou outros serão sanadas pelo juiz da causa ou pelo juiz corregedor.

Caso as dúvidas e divergências ocorram dentro do âmbito do processo serão resolvidas pelo juiz da causa. Porém, caso as dúvidas e divergências surjam foram do âmbito do processo, então serão resolvidas pelo juiz corregedor da Seção Administrativa de Distribuição de Mandados – SADM.

Havendo inconformismo das partes, ou permanecer dúvidas, poderá ser proposto recurso sem efeito suspensivo para a Corregedoria Geral da Justiça, em instrumento apartado, no prazo de 15 (quinze) dias.

Subseção III
Dos Mandados Gratuitos

Leandro Bertoldo
Das Despesas de Condução dos Oficiais de Justiça

Leandro Bertoldo
Das Despesas de Condução dos Oficiais de Justiça

Diligências Gratuitas

INCIDÊNCIA DA GRATUIDADE

Art. 1.024. Consideram-se gratuitas as diligências feitas:
 I - em ações penais de competência do Juizado Especial Criminal - JECRIM;
 II - em processos em que o interessado seja beneficiário de assistência judiciária;
 III - de ofício, por ordem judicial;
 IV - a requerimento do Ministério Público;
 V - nos processos relativos a criança ou adolescente em situação irregular;
 VI - nos processos nos quais deferido o recolhimento diferido da taxa judiciária.

As diligências são consideradas gratuitas em seis situações distintas, cuja relação é taxativa.
1. Em todas as ações penais de competência do Juizado Especial Criminal (JECRIM).
2. Em quaisquer processos onde o interessado seja beneficiário de assistência judiciária.
3. Nos casos de diligência de ofício ou por ordem judicial.
4. Nas diligências requeridas pelo Ministério Público.
5. Nos processos referentes a criança ou adolescente em situação irregular.

6. Nos casos em que o recolhimento da taxa judiciária é diferido pelo Juiz da Vara para pagamento ao final da demanda.

Sobre o diferimento e isenções das taxas judiciárias, a **Lei Estadual nº 11.608/2003** em seu capítulo III dispõe o seguinte:

Artigo 5.º - O recolhimento da taxa judiciária será diferido para depois da satisfação da execução quando comprovada, por meio idôneo, a momentânea impossibilidade financeira do seu recolhimento, ainda que parcial:

I - nas ações de alimentos e nas revisionais de alimentos;

II - nas ações de reparação de dano por ato ilícito extracontratual, quando promovidas pela própria vítima ou seus herdeiros;

III - na declaratória incidental;

IV - nos embargos à execução.

Parágrafo único - O disposto no "caput" deste artigo aplica-se a pessoas físicas e a pessoas jurídicas.

Artigo 6.º - A União, o Estado, o Município e respectivas autarquias e fundações, assim como o Ministério Público estão isentos da taxa judiciária.

Artigo 7.º - Não incidirá a taxa judiciária nas seguintes causas:

I - as da jurisdição de menores;

II - as de acidentes do trabalho;

III - as ações de alimentos em que o valor da prestação mensal não seja superior a 2 (dois) salários-mínimos.

DOS ACRÉSCIMOS

Art. 1.025. As despesas de condução com diligências gratuitas serão ressarcidas na forma do disposto na Lei Estadual nº 11.608/2003, observando-se, ainda, o seguinte:

As despesas de condução com diligências gratuitas realizadas pelo oficial de justiça serão ressarcidas em conformidade com o disposto na Lei Estadual nº 11.608/2003.
A Lei Estadual nº 11.608, de 29 de dezembro de 2003, dispõe sobre a Taxa Judiciária incidente sobre os serviços públicos de natureza forense.
Artigo 2.º - A taxa judiciária abrange todos os atos processuais, inclusive os relativos aos serviços de distribuidor, contador, partidor, de hastas públicas, da Secretaria dos Tribunais, bem como as despesas com registros, intimações e publicações na Imprensa Oficial.
Parágrafo único - Na taxa judiciária não se incluem:
IX - as despesas de diligências dos Oficiais de Justiça, salvo em relação aos mandados:
a) expedidos de ofício;
b) requeridos pelo Ministério Público;
c) do interesse de beneficiário de assistência judiciária;
d) expedidos nos processos referidos no Artigo 5.º, incisos I a IV (ações de alimentos e revisionais de alimentos; ações de reparação de dano por ato ilícito extracontratual, quando promovidas pela própria vítima ou seus herdeiros; ação declaratória incidental e embargos à execução). Todos da Lei Estadual nº 11.608/2003.
Artigo 3.º - O valor e a forma de ressarcimento das despesas de condução dos Oficiais de Justiça, não incluídos na taxa judiciária, serão estabelecidos pelo Corregedor Geral da Justiça, nos termos dos parágrafos 1.º e 2.º do Artigo 19 do Código de Processo Civil, respectivamente.
Além do disposto na Lei Estadual nº 11.608/2003, para o ressarcimento das despesas de condução com diligências gratuitas também devem ser observados os incisos seguintes.

I - nas Comarcas da Capital ou do Interior, o valor desse ressarcimento corresponderá a uma cota de ressarcimento e abrangerá todas as diligências necessárias à prática do ato ou atos contidos na ordem judicial, ainda que o resultado seja negativo, sempre que o oficial de justiça não se deslocar por distância superior a 15 (quinze) quilômetros da sede do juízo. Além desse raio, a cada faixa de 15 (quinze) quilômetros ou fração, só de ida, aquele valor será acrescido do equivalente a mais uma cota.

Nas Comarcas da Capital ou do Interior, as despesas de condução com diligências gratuitas corresponderão sempre a uma cota de ressarcimento. Essa cota de ressarcimento abrangerá todas as diligências necessárias à realização do ato ou atos contidos na ordem judicial, mesmo que o resultado seja negativo.

A cota única de ressarcimento será devida ao oficial de justiça, desde que ele não tenha que deslocar-se além de um raio de 15 (quinze) quilômetros da sede do juízo.

Caso o oficial de justiça tenha que ultrapassar o raio de 15 (quinze) quilômetros medido a partir da sede do juízo, será acrescido à cota inicial de ressarcimento o equivalente a mais uma cota a cada faixa ou fração de 15 (quinze) quilômetros, contados em raios num percurso só de ida.

II - o oficial de justiça, para fazer jus a esse acréscimo, lançará à margem da certidão correspondente a quilometragem percorrida (só de ida), efetuando o cálculo

do número de cotas, sujeitando-se às penalidades legais, no caso de inveracidade.

Caso o oficial de justiça ultrapasse o raio de 15 (quinze) quilômetros da sede do juízo, então para fazer jus ao acréscimo da cota de ressarcimento a cada faixa ou fração de 15 (quinze) quilômetros percorridos computados somente a distância de ida, deverá lançar à margem de sua certidão a correspondente quilometragem efetivamente percorrida em raios, considerando somente o raio do percurso de ida, devendo efetuar o cálculo e margear o número de cotas que deve receber.

Caso seja verificado que o oficial não está sendo correto em margear suas diligências, ficará sujeito às penalidades legais quando o fato for constatado.

A cada faixa ou fração de um raio de 15 (quinze) quilômetros, contados a partir da sede do juízo, o oficial de justiça terá direito de receber o equivalente a uma cota de ressarcimento.

O número de cotas é igual ao número de faixa ou fração de um raio: $C^o = N^o$

O número de faixa ou fração de raio (N^o) é igual a distância percorrida em raio (D), dividida pelo comprimento de uma faixa de raio de 15 (quinze) quilômetros: $Nr = D/15$

III - quando o oficial de justiça, para o cumprimento do mandado gratuito, for obrigado a utilizar-se da travessia por pedágio-rodoviário, balsa ou ferry-boat, terá direito ao acréscimo do valor correspondente a uma cota, quantia que poderá atingir até cinco cotas, comprovadamente, sempre que o valor da taxa superar aquele limite mínimo.

No cumprimento de mandados gratuitos, o oficial de justiça terá direito a uma cota de ressarcimento correspondente a 03 (três) UFESPs, por cada ato processual e por cada destinatário da ordem judicial, dentro do perímetro de raio de 15 quilômetros, com o acréscimo de uma cota de ressarcimento a cada faixa ou fração de 15 quilômetros que ultrapassar os 15 quilômetros iniciais.

Caso o oficial de justiça seja obrigado a utilizar-se da travessia por pedágio-rodoviário, balsa ou ferry-boat, também terá direito de receber o acréscimo do valor correspondente a uma cota, quantia esta que poderá atingir até no máximo cinco cotas, mas somente quando o valor da taxa com o pedágio-rodoviário, balsa ou ferry-boat superar o limite mínimo de uma cota de ressarcimento.

a) pedágio rodoviário (direito de passagem mediante pagamento de taxa ao poder publico, a uma autarquia ou a uma concessionária delegada para ressarcir custos de contrução e manuntençao de uma via de transporte).

b) balsa ou ferry boat (embarcação de fundo chato que opera próximo às margens e em águas rasas, muitas vezes empregadas para transportar veículos de uma margem para outra).

Para fazer jus ao recebimento deverá comprovar os gastos com o pedágio-rodoviário, balsa ou ferry-boat.

DAS TABELAS DA COMARCA DO INTERIOR

IV - nas Comarcas do Interior, o Juiz Diretor do Fórum ou o Juiz Corregedor da SADM, onde existir, elaborará tabela, a ser publicada no DJE, contendo os bairros e municípios da comarca, as comarcas contíguas, bem como os pontos importantes (INSS, Prefeitura,

estabelecimentos prisionais, etc.), atribuindo o número de cotas necessárias a ressarcir diligências praticadas nesses locais, com base nas distâncias da portaria prevista no § 2º, do art. 1.008 (por exemplo: bairro X, até 15,00 Km = 1 cota; bairro Y, de 15,01 a 30,00 Km = 2 cotas; e assim sucessivamente).

Em todas as Comarcas do Interior, o Juiz Corregedor da SADM deverá elaborar tabela de cotas. Caso não haja na comarca a Seção Administrativa de Distribuição de Mandados – SADM, então a responsabilidade pela elaboração da tabela de cotas cabe ao Juiz Diretor do Fórum.

A tabela de cotas deverá ser elaborada com base nas distâncias indicadas na "portaria de distância" estabelecida no art. 1.008 § 2º.

A tabela de cotas deverá indicar todos os bairros e municípios da comarca. Também deverá consignar as comarcas contíguas, bem como a pontos importantes como INSS, Prefeitura, estabelecimentos prisionais etc.

Essa tabela de cotas deverá atribuir o número de cotas de ressarcimento das diligências praticadas pelo oficial de justiça nesses locais, sempre calculadas em harmonia com as distâncias estabelecidas na "portaria de distância", conforme os seguintes exemplos:

1. Bairro da Vila Oliveira, distância em linha reta de até 15 quilômetros, corresponderá a uma cota de ressarcimento.

2. Bairro de São Lázaro, distância em linha reta de 15,01 a 30,00 quilômetros, corresponderá a duas cotas de ressarcimento.

3. E assim sucessivamente.

Devendo ainda a referida tabela ser publicada no Diário da Justiça Eletrônico, para conhecimento das partes, dos advogados e da população em geral.

DA ANTECIPAÇÃO DE CONDUÇÃO

§ 1º Para fins de antecipação do valor necessário ao custeio das despesas de condução com diligências gratuitas, 20% (vinte por cento) do montante da arrecadação serão igualmente divididos entre os oficiais de justiça que tenham cumprido, no mês anterior, mandados gratuitos.

      O Estado de São Paulo destina parte da receita dos emolumentos dos serviços notariais e de registro pertencente ao Estado (art. 20, inc. II, da Lei Estadual nº 11.331/2002) e parte do montante da arrecadação da taxa judiciária (art. 9º da Lei Estadual nº 11.608/2003) ao custeio das diligências dos oficiais de justiça. A secretaria da Fazenda do Estado de São Paulo lança no SIAFEM os valores arrecadados para custeio das diligências dos Oficiais de Justiça, os quais são agrupados semanalmente e disponibilizados para consulta.

      Ao final da primeira quinzena, tem-se o conhecimento do montante arrecadado no mês anterior e da parte cabível ao pagamento das diligências dos oficiais de justiça. O citado valor é informado à DICOGE para rateio entre os oficiais de justiça, considerando o número de cotas de ressarcimento dos atos ordenados em mandados gratuitos.

      Mensalmente, a Corregedoria Geral da Justiça publica no Diário da Justiça Eletrônico, para conhecimento geral, o valor da arrecadação, eventual saldo remanescente do mês anterior, o valor a ser rateado, o número de cotas e o valor de cada uma delas.

      A título de antecipação das despesas de condução com diligências gratuitas, o Tribunal de Justiça do Estado de São

Paulo fixou a proporção de 20% (vinte por cento) do montante da arrecadação para serem igualmente divididos entre os oficiais de justiça que tenham cumprido mandados gratuitos no mês anterior.

Essa porcentagem garante aos oficiais de justiça o recebimento antecipado de valor necessário para custear parcialmente as despesas necessárias ao cumprimento das diligências nos processos em que o pedido seja formulado pela Fazenda Pública, Ministério Público ou beneficiário da assistência judiciária gratuita.

Observe o exemplo de uma publicação mensal pelo Diário da Justiça Eletrônico referente ao valor arrecadado:

COMUNICADO CG Nº 823/2015

PROCESSO 1985/0004 - CAPITAL - Associação dos Oficiais de Justiça do Estado de São Paulo - (CUSTEIO DE DILIGÊNCIAS)
    A Corregedoria Geral da Justiça **COMUNICA** aos Ofi ciais de Justiça, nos termos do disposto na Lei n.º 11.608/03 e nos arts. 1.025 e 1.026 das Normas de Serviço da Corregedoria Geral da Justiça, que o pagamento dos mandados cumpridos em **MAIO/2015** obedecerá ao seguinte quadro:

ARRECADAÇÃO R$ 13.992.127,72
SALDO REMANESCENTE R$ 2.198,07
TOTAL PARA RATEIO R$ 13.994.325,79
NÚMERO DE OFICIAIS DO MÊS 4728
VALOR DA ANTECIPAÇÃO POR OFICIAL R$ 591,97
NÚMERO DE COTAS 442.092
VALOR POR COTA R$ 25,32

    1. Em 19 de junho de 2015 a DICOGE-2.1 recebeu a informação sobre o valor da arrecadação. Em 24 de junho providenciou o processamento e a SOF- 2.1.3 recebeu o arquivo da listagem bancária, para repasse do numerário via SIAFEM. Os Oficiais de Justiça terão seus valores creditados em conta corrente **ATÉ 30 DE JUNHO DE 2015.**
    2. As certidões de **JUNHO DE 2015** deverão ser enviadas **exclusivamente pelo Sistema de Mandados Gratuitos – SMG**, nos termos do § 1º do art. 1.026 das Normas de Serviço da Corregedoria Geral da Justiça, **ATÉ O 8º DIA ÚTIL – 14 DE JULHO DE 2015.**
    3. O número de cotas cumpridas pelos Oficiais de Justiça deverá ser encaminhado somente **via on-line**. As relações em papel não serão mais aceitas para fins de ressarcimento.
    4. O demonstrativo pormenorizado das contas se encontra à disposição dos interessados na DIRETORIA DA CORREGEDORIA GERAL DA JUSTIÇA (DICOGE-2.1), sito à Praça Pedro Lessa, 61 - 7º andar – Centro.

Leandro Bertoldo
Das Despesas de Condução dos Oficiais de Justiça

5. As dúvidas e problemas relativos ao Sistema de Mandados Gratuitos – SMG deverão ser esclarecidos através de e-mail sti.smg@tjsp.jus.br ou pelo telefone (11) 3241-5977, ramais 250, 202, 232, 245, 251, 256. Para inclusão de novos oficiais de justiça no Sistema ou alteração de dados cadastrais, encaminhar e-mail para dicoge2.1@tjsp.jus.br.

§ 2º Havendo mais de um endereço ou sendo necessária mais de uma diligência para a prática do ato ou atos contidos na ordem judicial, destinados a uma ou mais pessoa, considerar-se-á, para fins de cálculo do número de cotas de ressarcimento, o endereço diligenciado mais distante da sede de juízo, ainda que o resultado seja negativo.

Para efeito do cálculo do número de cotas de ressarcimento, será considerado o endereço diligenciado mais distante da sede do juízo, mesmo que o resultado seja negativo, quando ocorrerem as seguintes situações:
1. Havendo dois ou mais endereços contidos no mandado, destinados a uma ou mais pessoas, considera-se o endereço mais distante da sede do juízo para cálculo do número das cotas de ressarcimento.
2. Sendo necessária mais de uma diligência para a prática do ato ou atos contidos na ordem judicial, destinados a uma ou mais pessoas, considera-se novamente o endereço diligenciado mais distante da sede do juízo para cálculo do número das cotas de ressarcimento.

DO VALOR DE CADA COTA

Art. 1.026. O valor de cada cota corresponderá ao resultado da divisão do montante de 80%

(oitenta por cento) da arrecadação pelo número de cotas de ressarcimento dos atos ordenados em mandados gratuitos, devolvidos durante o mês pelos oficiais de justiça de todo o Estado, observado o disposto nos arts. 1.006, 1.007 e 1.008.

A título de antecipação do custeio de diligências gratuitas, 20% (vinte por cento) do montante da arrecadação serão **igualmente divididos** entre os oficiais de justiça que tenham cumprido diligências no mês anterior em mandados gratuitos.

O restante 80% (oitenta por cento) da arrecadação sofrem **divisão pelo número de cotas** de ressarcimento dos atos ordenados em mandados gratuitos, devolvidos durante o mês pelos oficiais de justiça de todo o Estado.

O valor de cada cota corresponderá à divisão do montante remanescente (oitenta por cento) da arrecadação pelo número de cotas de ressarcimento dos atos ordenados em mandados gratuitos, devolvidos durante o mês pelos oficiais de justiça de todo o Estado. Sempre observando as normas estabelecidas nos artigos: 1.006, 1.007 e 1.008.

Resumindo. Pelas Normas de Serviço da Corregedoria, o valor do ressarcimento de diligência gratuita corresponderá a uma cota e abrangerá todas as diligências necessárias a pratica do ato ou atos contidos na ordem judicial, ainda que o resultado seja negativo, sempre que o oficial de Justiça não se deslocar por distância superior a 15 quilômetros da sede do juízo. Além desse raio, a cada faixa de 15 quilômetros ou fração, só de ida, será acrescida mais uma cota. O valor de cada cota corresponderá ao resultado da divisão do montante de 80% da arrecadação pelo número de cotas dos atos ordenados em mandados gratuitos, devolvidos durante o mês pelos oficiais de Justiça de todo o Estado. Para fins de antecipação do valor necessário ao custeio das despesas, 20% do montante da arrecadação será dividido entre os oficiais que tenham cumprido mandados gratuitos no mês anterior.

DO PRODECIMENTO PARA RESSARCIMENTO

§ 1º Para o ressarcimento previsto no art. 1.025, os escrivães judiciais encaminharão à DICOGE, até o 8º (oitavo) dia útil de cada mês, pelo Sistema de Mandados Gratuitos – SMG, a relação/certidão completa dos oficiais de justiça que tenham mandados cumpridos no mês, na qual constará a quantidade de mandados e das respectivas cotas para fins de ressarcimento, bem como o mês em que ocorreu o cumprimento do mandado. É vedado o lançamento, na mesma relação/certidão, de cotas relativas a mandados cumpridos em meses diferentes.

Para cálculo do valor que é devido aos oficiais de justiça de todo o Estado de São Paulo, o escrivão judicial ou o funcionário responsável pela Seção Administrativa de Distribuição de Mandados deverá tomar algumas providências.

1ª. Até o 8º (oitavo) dia útil de cada mês, deverá informar à Divisão de Contabilidade Geral – DICOGE, pelo Sistema de Mandados Gratuitos – SMG, a relação/certidão completa dos oficiais de justiça que tenham mandados cumpridos no mês.

2ª. Nessa relação deverá fazer contar a quantidade de mandados e as respectivas cotas para fins de ressarcimento, bem como indicar o mês em que ocorreu o cumprimento do mandado.

3ª. É proibido o lançamento, na mesma relação/certidão, de cotas referentes a mandados cumpridos em outros meses.

§ 2º Em cada vara ou setor haverá 1 (um) oficial de justiça, escolhido pelos demais, que, sem prejuízo de suas funções, preencherá os mapas mensais individuais de mandados gratuitos, utilizando-se das informações passadas pelo interessado, assinando-os juntamente com o escrivão judicial. Este, após a devida conferência, especialmente da quantidade de mandados e das respectivas cotas de ressarcimento, certificará a autenticidade e a veracidade do conteúdo (dados oriundos dos mandados relacionados e correspondentes certidões), e colherá, na sequência, visto do Juiz Corregedor Permanente.

Os oficiais de justiça da vara ou da Seção Administrativa de Distribuição de Mandados – SADM deverão eleger entre eles um oficial que, sem prejuízo de suas funções normais, deverá mensalmente preencher os "mapas mensais individuais de mandados gratuitos".

Para o respectivo preenchimento deverá basear-se nas informações prestadas e passadas pelo oficial interessado. Em seguida deverá assinar o mapa mensal juntamente com o escrivão judicial.

O escrivão judicial também deverá proceder a devida conferência dos mapas mensais individuais, observando especialmente a quantidade de mandados e as respectivas cotas de ressarcimento.

Em seguida o escrivão judicial deverá certificar a autenticidade e a veracidade do conteúdo apresentado (dados provenientes dos mandados relacionados e correspondentes certidões).

Estando tudo correto, em seguida o escrivão judicial deverá colher o visto do Juiz Corregedor Permanente da vara.
Art. 1.009. O escrivão do ofício de justiça ou o servidor responsável pela Seção Administrativa de Distribuição de Mandados manterá rigorosa fiscalização sobre o lançamento das despesas de condução dos oficiais de justiça, tendo em vista sua responsabilidade funcional solidária com eventual conduta irregular dos referidos serventuários.

§ 3º Os mapas mensais individuais de mandados gratuitos permanecerão arquivados em cartório, após certificação de sua autenticidade e veracidade quanto ao seu conteúdo (dados oriundos dos mandados e respectivas certidões), durante o prazo de 2 anos, após o qual poderão ser inutilizados, aplicando-se, nesta hipótese, o disposto no § 2º do art. 74. As dúvidas serão apreciadas e decididas pelo Juiz Corregedor Permanente.

Após devidamente certificado a sua autenticidade e veracidade com o visto do Juiz Corregedor Permanente, os mapas mensais individuais de mandados gratuitos deverão ser arquivados em cartório, onde permanecerão pelo prazo de 2 (dois) anos.

Decorrido o prazo de 2 (dois) anos, os referidos mapas mensais individuais de mandados gratuitos poderão ser inutilizados.

A inutilização dos referidos documentos encontram fundamento no Art. 74, § 2º das Normas de Serviços da Corregedoria Geral da Justiça – NSCGJ, a saber: "Após revisados e decorridos 2 (dois) anos do último registro efetuado, os livros de cargas de autos e mandados, desde que reputados sem utilidade para conservação em arquivo pelo escrivão judicial, poderão ser inutilizados, mediante prévia autorização do Juiz Corregedor Permanente. A autorização consignará os elementos indispensáveis à identificação do livro, e será arquivada em classificador próprio, com certidão da data e da forma de inutilização".

As dúvidas quando ao arquivamento e inutilização dos "mapas mensais individuais de mandados gratuitos" serão apreciadas e decididas pelo Juiz Corregedor Permanente.

§ 4º Não serão incluídas no cálculo do mês referido no art. 1.025 as relações que não derem entrada na DICOGE, no prazo contido no § 1º deste artigo. O atraso no encaminhamento das relações por período superior a 02 (dois) meses anteriores àquele correspondente ao mês do ressarcimento, ainda que acompanhado da necessária justificativa, implicará no indeferimento do pedido de ressarcimento.

Não poderão ser incluídas no cálculo do mês, as despesas de condução com diligências gratuitas de relações que não foram encaminhadas à DICOGE, pelo Sistema de Mandados Gratuitos – SMG, até o 8º (oitavo) dia útil de cada mês. Tal vedação está prevista no Art. 1.026, § 1º: "É vedado o lançamento, na mesma relação/certidão, de cotas relativas a mandados cumpridos em meses diferentes".

Será indeferido todo pedido de ressarcimento referente a relações encaminhadas com atraso superior a 2 (dois) meses, contados do mês correspondente do efetivo ressarcimento, mesmo que tais relações sejam encaminhadas acompanhadas da necessária justificativa.

§ 5º O valor do ressarcimento mensal será creditado na conta corrente de cada oficial de justiça, em agência do Banco do Brasil S/A, indicado seu número nos mapas mensais previstos no § 2º deste artigo. Os ofícios de justiça manterão o SMG atualizado, informando à Corregedoria Geral, por correio eletrônico institucional (email), a inclusão ou alteração de dados cadastrais dos oficiais de justiça (nome, matrícula, nº do CPF, nº da agência e conta bancária, e endereço residencial), bem como dos escrivães judiciais (nome, matrícula, e-mail institucional).

Entre os dias 20 e 25 do mês subsequente à arrecadação, a DICOGE fornece o arquivo do rateio à Secretaria de Orçamento e Finanças – SOF – e a efetiva disponibilidade financeira ocorre no penúltimo dia útil do mês. A SOF processa a despesa no sistema SIAFACIL e transmite à tesouraria para executar o pagamento.

O valor do ressarcimento mensal é creditado na conta corrente, em agência do Banco do Brasil S/A, informada por cada oficial de justiça.

Para tanto, deverá constar o número da conta corrente dos oficiais de justiça nos mapas mensais individuais de mandados gratuitos.

Para que os oficiais de justiça não sejam prejudicados, os ofícios de justiça deverão manter o Sistema de Mandados Gratuitos – SMG perfeitamente atualizado. Informando à Corregedoria Geral da Justiça, por meio do correio eletrônico institucional, a inclusão ou alteração dos dados cadastrais dos oficiais de justiça.

Esses cadastros referem-se aos seguintes dados: nome, matrícula, número do CPF, número da agência e conta bancária no Banco do Brasil e endereço residencial dos oficiais de justiça da vara. Esses cadastros também implicam nas alterações ou inclusões de dados dos escrivães judiciais, tais como nome, matrícula e e-mail institucional.

§ 6º Havendo necessidade de examinar os atos praticados, a Corregedoria Geral poderá exigir dos oficiais de justiça a remessa do mapa original arquivado em cartório, bem como de cópias dos mandados nele relacionados e das correspondentes certidões. A exigência será encaminhada por ofício ao Juiz Corregedor Permanente, que deverá comunicar, com brevidade, à Corregedoria Geral da Justiça, a data da ciência aos oficiais de justiça e ao escrivão judicial. Decorridos 60 (sessenta) dias da data da ciência, sem que tenham sido remetidos os documentos, por desídia do oficial de justiça, o pedido de ressarcimento será automaticamente indeferido, sem prejuízo da continuidade da apuração administrativa.

Havendo necessidade, a Corregedoria Geral da Justiça poderá determinar que os oficiais de justiça remetam o mapa original arquivado em cartório para que seja procedido exames dos atos praticados registrados.

Além do mapa original arquivado em cartório, a Corregedoria Geral da Justiça poderá exigir cópias dos mandados nele relacionado, bem como as correspondentes certidões para confrontações com as informações prestadas no mapa original.

A exigência da remessa desses documentos será solicitada por meio de ofício encaminhando diretamente ao Juiz Corregedor Permanente.

Em seguida com a devida brevidade, o Juiz Corregedor Permanente dará ciência aos oficiais de justiça e ao escrivão judicial. Em seguida comunicará à Corregedoria Geral da Justiça a data em que foi dada ciência a esses servidores.

Os oficiais de justiça terão o prazo máximo de 60 (sessenta) dias, a partir da data da ciência, para remeter os documentos solicitados.

Decorrido o prazo de 60 (sessenta) dias sem a remessa dos documentos, por desídia do oficial de justiça, o pedido de ressarcimento será automaticamente indeferido. Além disso, será dada continuidade ao procedimento administrativo para apurar responsabilidade funcional.

---

§ 7º As cópias dos mandados e certidões relativas a processos que na data da exigência estiverem fora de cartório, com prazo superior ao fixado no parágrafo anterior, poderão ser substituídas por certidão do escrivão judicial, que dará fé da impossibilidade de serem remetidas pelo interessado.

Caso seja impossível encaminhar as cópias dos mandados relacionados no mapa original, bem como as cópias das correspondentes certidões, em razão do processo, na data da exigência, estar fora de cartório com prazo superior a 60 (sessenta) dias, então o escrivão judicial poderá substituir os documentos exigidos por certidão encaminhada à Corregedoria Geral da Justiça.

Na certidão o escrivão judicial dará fé da impossibilidade de serem remetidas as cópias pelo oficial de justiça interessado pelo fato do processo encontra-se fora de cartório com prazo superior a 60 (sessenta) dias.

Subseção IV
Das Despesas de Condução Relativas às Fazendas Públicas

Leandro Bertoldo
Das Despesas de Condução dos Oficiais de Justiça

Ressarcimento pela Fazendo

DO PROCEDIMENTO PARA RESSARCIMENTO

Art. 1.027. O ressarcimento das despesas de condução do oficial de justiça será realizado pela Fazenda Pública interessada, depois de entregue ao seu representante, especialmente indicado, a relação mensal dos mandados (modelo próprio) e cópias das certidões do respectivo cumprimento, observada a disciplina fixada nos arts. 1.011, 1.012, caput, 1.007, caput, § 2º 'c' e § 4º, e 1.026, § 2º, todos destas Normas de Serviço.

O ressarcimento das despesas de condução do oficial de justiça em mandados de interesse da Fazenda Pública será realizado mediante as seguintes condições:

1. Para que o oficial de justiça possa ser ressarcido, deverá entregar ao representante do ente público, a relação mensal dos mandados, acompanhada das cópias das certidões do respectivo cumprimento.

2. Existe modelo próprio da relação mensal dos mandados a ser entregue ao representante da Fazenda Pública.

3. Nessa relação o oficial de justiça deverá observar as disciplinas fixadas nos artigos 1.011, 1.012, caput, 1.007, caput, § 2º 'c' e § 4º, e 1.026, § 2º, todos das Normas de Serviços da Corregedoria Geral da Justiça.

Parágrafo único. Os novos valores, decorrentes do reajustamento da UFESP, serão aplicados somente aos mandados que tenham sido expedidos após a sua vigência.

Nos mandados de interesse da Fazenda Pública, tendo em vista a ausência de depósito prévio, para que não haja retroatividade indevida e para dar tratamento equânime aos mandados pagos, os novos valores vigentes da cota de ressarcimento não podem ser aplicados aos mandados que tenham sido expedidos antes do reajustamento da UFESP.

Em outras palavras, os novos valores reajustados da UFESP serão aplicados somente aos mandados que forem expedidos após a sua vigência.

Art. 1.028. O ressarcimento de que trata o art. 1.027 far-se-á no mês seguinte ao do cumprimento de mandados, desde que entregue a relação até o dia 5 (cinco) daquele mês, e será efetuado através de depósito em conta corrente do oficial de justiça, aberta consoante o art. 1.022, § 1º.

O momento do ressarcimento das despesas de condução do oficial de justiça em mandados de interesse da Fazenda Pública ocorre sempre no mês seguinte ao do cumprimento dos mandados.

Para tanto, a relação mensal dos mandados deverá ser entregue até o dia 9 (cinco) do mês seguinte ao do cumprimento dos mandados.

O ressarcimento das despesas de condução do oficial de justiça será efetuado por meio de depósito bancário na conta corrente do oficial de justiça.

A conta do oficial de justiça deverá ser aberta em conformidade com o disposto no artigo 1022, § 1º: "O ressarcimento do oficial de justiça será creditado em sua conta corrente, a ser aberta na mesma agência ou posto do Banco do Brasil S/A do fórum do juízo ou comarca em que lotado, dela dando conhecimento ao escrivão e ao Juiz Corregedor".

DA REGULARIZAÇÃO NO INTERIOR

Art. 1.029. Nas Comarcas do Interior, o Juiz Diretor do Fórum, atendendo às peculiaridades locais, regulamentará o disposto nos artigos anteriores e solicitará à Corregedoria autorização para alterações de fundo que se fizerem necessárias, observando-se sempre o determinado no art. 1.012, § 1º.

Devido a certas peculiaridades das Comarcas do Interior, o Juiz Diretor do Fórum, deverá regulamentar o disposto nos artigos anteriores destas normas das despesas de condução, relativas às Fazendas Públicas, adaptando-se à realidade local.

Em seguida deverá solicitar à Corregedoria Geral da Justiça, autorização para efetuar as referidas alterações de fundo, que forem absolutamente necessárias.

Para tanto, deverá sempre observar o disposto no artigo 1012, § 1º: "O Juiz Diretor do Fórum ou, onde houver, o Juiz Corregedor da SADM editará portaria, com base nas distâncias da portaria prevista no § 2º do art. 1.008, contendo os valores das cotas de ressarcimento (por exemplo: até 50 Km – 03 UFESPs - R$ X; a de 50,01 60 km – 3,5 UFESPs - R$ X + Y; de 60,01 a 70 Km – 04 UFESPs – R$ X + 2Y, e assim sucessivamente). A portaria, atualizada sempre que houver alteração do valor da UFESP, será publicada no Diário da Justiça Eletrônico, para conhecimento das partes, advogados e população em geral".

Art. 1.030. Em caso de mandado de interesse das Fazendas de outros Estados e de Municípios não localizados na comarca em que tramitar o processo, será observado, exclusivamente, o disposto no art. 1.014.

Poderão ocorrer casos de mandados de interesse das Fazendas Publicas de outros Estados e também de Municípios não localizados na comarca onde foi distribuído o processo.

Nesse caso deverá ser observado, exclusivamente, o disposto no artigo 1.014: "Ressalvados os casos de diligências gratuitas, o autor, logo após a distribuição da inicial, comprovará o recolhimento do valor devido. Igual comprovação será feita com o requerimento de realização de diligências no curso do processo, sem o que não serão efetuadas".

Subseção V
Das Despesas de Condução Relativas à Fazenda Pública do Município de São Paulo

Leandro Bertoldo
Das Despesas de Condução dos Oficiais de Justiça

Execuções Fiscais

DOS DEPÓSITOS DAS DILIGÊNCIAS

Art. 1.031. Em caso de execução fiscal proposta pela Fazenda Pública do Município de São Paulo junto à Vara das Execuções Fiscais da Capital, o Ofício das Execuções Fiscais Municipais informará à Procuradoria Geral do Município quais processos estão em termos para a expedição de mandados.

Para ressarcimento das despesas de condução do oficial de justiça nos processos de execuções fiscais municipais, o escrivão judicial responsável pelo Ofício das Execuções Fiscais Municipais deverá apresentar à Procuradoria Geral do Município a relação de processos de execução fiscal municipal que estão em termos aguardando a expedição de mandados.

Essa regra somente aplica-se a processos de execução fiscal proposto pela Fazenda Pública do Município de São Paulo junto à Vara das Execuções Fiscais da Capital.

Art. 1.032. A informação será transmitida até o dia 10 (dez) de cada mês, ou primeiro dia útil subsequente, e instruída com extrato do valor existente na conta corrente destinada à satisfação das diligências dos oficiais de Justiça que oficiam nas execuções fiscais promovidas pela Fazenda do Município de São Paulo.

A informação para a Procuradoria Geral do Município contendo a relação dos processos que estão em termos para expedição de mandados deverá ser transmitida até o dia 10 (dez) de cada mês, ou então no primeiro dia útil subsequente.

A referida informação será encaminhada à Procuradoria Geral do Município instruída com o extrato do valor existente na conta corrente destinada à satisfação das diligências dos oficiais de justiça, que oficiam nas execuções fiscais promovidas pela Fazenda do Município de São Paulo.

Art. 1.033. A Municipalidade de São Paulo, no prazo de 30 (trinta) dias contados do recebimento da informação, depositará em conta judicial, o valor das diligências pertinentes aos mandados que serão expedidos.

A Municipalidade de São Paulo terá o prazo de 30 (trinta) dias para depositar em conta judicial, o valor das diligências pertinentes aos mandados que serão expedidos pelo Ofício das Execuções Fiscais Municipais.

O prazo para o depósito das diligências será de 30 (trinta) dias contados a partir do recebimento da informação pela Procuradoria Geral do Município dos processos que estão em termos para a expedição de mandados.

Art. 1.034. O depósito será feito com acréscimo de 20% (vinte por cento), para atender também aos mandados cujo cumprimento exija mais de uma diligência. O percentual de 20% (vinte por cento) será revisto quando se mostrar necessário.

A Municipalidade de São Paulo deverá efetuar o depósito das diligências dos oficiais de justiças que oficiam nas execuções fiscais promovidas pela Fazenda do Município de São Paulo em conta judicial com o acréscimo de 20% (vinte por cento), visando suprir as despesas dos oficiais de justiça com eventuais mandados que demandem mais de uma diligência.

Esse artigo estabelece que o referido percentual de 20% (vinte por cento) será revisto quando for necessário.

DA EXPEDIÇÃO DO MANDADO

Art. 1.035. Serão expedidos mandados em número proporcional ao montante do depósito.

A quantidade de mandado expedido deverá corresponder ao montante depositado pela Municipalidade em conta judicial. Deste modo, o número de mandados expedidos pelo Ofício das Execuções Fiscais Municipais será proporcional ao montante do valor depositado.

Art. 1.036. Inexistindo indicação da Municipalidade quanto aos processos para os quais os depósitos são dirigidos, a expedição dos mandados seguirá a ordem cronológica da distribuição, de acordo com os valores disponíveis na conta corrente.

A Fazenda do Município de São Paulo poderá indicar ao Ofício das Execuções Fiscais Municipais quais são os processos de execuções fiscais municipais para os quais os depósitos das diligências são destinados.

Caso a Municipalidade de São Paulo deixe de indicar quais processos são destinados os depósitos judiciais efetuados, então o Ofício das Execuções Fiscais Municipais deverá expedir os mandados seguindo a ordem cronológica da distribuição das execuções fiscais municipais.

A expedição dos mandados será em conformidade e proporcional aos valores disponíveis na conta corrente.

Art. 1.037. Ao indicar os processos para os quais são direcionados os depósitos, a Fazenda do Município de São Paulo explicitará sua concordância e ciência de que os demais mandados somente serão expedidos quando houver requerimento expresso, ou pelo critério da ordem cronológica na medida dos valores disponíveis em conta corrente.

A Fazenda do Município de São Paulo poderá indicar os processos para os quais são destinados os depósitos das diligências dos oficiais de justiça. Caso venha a fazer essa indicação, também deverá declarará explicitamente a sua concordância, bem como a sua ciência de que os demais mandados somente poderão ser expedidos nas seguintes situações:

1ª. Quando houver requerimento expresso pela Fazenda do Município de São Paulo.

2ª. Na falta do requerimento, os mandados serão expedidos seguindo a ordem cronológica da distribuição, observada a proporcionalidade dos valores disponíveis em conta corrente.

Art. 1.038. Em conta judicial específica, a fim de viabilizar o cumprimento de mandados urgentes, a Municipalidade de São Paulo manterá reserva de contingência em montante capaz de atender ao cumprimento de 100 (cem) mandados.

As Normas da Corregedoria Geral da Justiça regulamentam as despesas de diligências para cumprimento de mandados de processos de execuções fiscais que sejam urgentes.

Além do depósito feito com acréscimo de 20% para atender mandados cujo cumprimento exija mais de uma diligência (Art. 1.034), a Municipalidade de São Paulo, também deverá manter reserva de contingência num montante capaz de possibilitar o cumprimento de 100 (cem) mandados.

Para atender a demanda de mandados urgentes, esse montante deverá ficar depositado em conta judicial específica.

DOS MAPAS MENSAIS

Art. 1.039. Os mapas mensais relacionando os atos praticados serão acompanhados das certidões para verificação das diligências e apresentados ao juízo nos dias 10 (dez), 20 (vinte) e 30 (trinta) de cada mês, ou no primeiro dia útil subsequente.

Na elaboração dos mapas mensais relacionando os atos praticados pelos oficiais de justiça, os mesmos deverão ser entregues acompanhados pelas respectivas certidões dos oficiais para confirmação das diligências.

Tais mapas deverão ser apresentados ao juízo a cada período de dez dias durante o mês. Desse modo, os mapas serão apresentados nos dias 10 (dez), 20 (vinte) e 30 (trinta), ou no primeiro dia útil subsequente ao dia fixado para apresentação.

Art. 1.040. Após a conferência dos mapas pelo escrivão judicial, os valores serão transferidos para a conta bancária indicada pelo oficial de justiça.

Ao receber os mapas relacionando os atos praticados, o escrivão judicial deverá proceder rigorosamente a sua conferência, confrontando os dados informados pelos oficiais de justiças com as certidões que o acompanham.

Estando em termos, conferidos e assinados, os valores indicados nos mapas serão transferidos da conta judicial para a conta bancária indicada pelo oficial de justiça no mapa.

Art. 1.041. A Municipalidade terá vista dos mapas mensais. Eventuais impugnações ofertadas pela Municipalidade de São Paulo e acolhidas pelo juízo serão compensadas no mapa posterior.

A Municipalidade de São Paulo terá direito a ter vista dos mapas mensais apresentados pelos oficiais de justiça, cujos valores das diligências foram levantados.

O juízo deverá apreciar eventuais impugnações apresentadas pela Municipalidade de São Paulo. Caso sejam acolhidas, os valores recebidos indevidamente pelos oficiais de justiças serão compensados em seu mapa mensal posterior.

Art. 1.042. Caso não seja viável a compensação, o oficial de justiça será intimado a depositar o valor em favor da Municipalidade no prazo fixado pelo juízo. O descumprimento da obrigação poderá implicar em processo administrativo e na inscrição do valor na dívida ativa.

Caso seja impossível a compensação pelo mapa mensal posterior do oficial de justiça, então o mesmo será intimado pelo juízo a depositar o valor questionado em favor da Municipalidade de São Paulo no prazo fixado pelo juízo.

Caso o oficial de justiça venha a descumpra a obrigação ele estará sujeito a processo administrativo, bem como ter a inscrição do valor não depositado pelo oficial de justiça na dívida ativa para procedimento executivo.

Subseção VI
Das Despesas de Condução Relativas às Cartas Precatórias Originárias de outros Estados da Federação

Leandro Bertoldo
Das Despesas de Condução dos Oficiais de Justiça

Precatórias de Outros Estados

COMPROVANTE DE RECOLHIMENTO

> **Art. 1.043. Nas cartas precatórias oriundas de comarcas de outros Estados da Federação, deverá estar comprovado o recolhimento da despesa de condução do oficial de justiça.**

Não sendo o caso de assistência judiciária gratuita, o recolhimento das despesas com a condução do oficial de justiça deverá estar devidamente comprovado nas cartas precatórias provenientes de comarcas de outros Estados da Federação.

> **§ 1º As guias de depósito bancário relativo a despesas de condução de oficial de justiça serão preenchidas diretamente no sítio eletrônico do Banco do Brasil S/A na internet, gerando-se o correspondente boleto de pagamento.**

Então, como proceder ao recolhimento das despesas com condução do oficial de justiça, referente a diligências a serem realizadas por cartas precatórias provenientes de outros Estados da Federação?

O requerente deverá gerar o boleto de pagamento das diligências. Para tanto deverá proceder do seguinte modo:

Primeiro, deverá entrar no sítio eletrônico do Banco do Brasil S/A pela internet.

Segundo, deverá preencher diretamente no sítio as guias de depósito bancário relativo a despesas de condução de oficial de justiça.

Terceiro, obviamente, após o preenchimento deverá efetuar o recolhimento da diligência.

§ 2º Uma das vias da guia, acompanhada da comprovação de recolhimento do valor devido – autenticação mecânica ou comprovante de pagamento fornecido pelo banco recebedor –, será entranhada nos autos da carta precatória a ser remetida.

Em seguida o autor deverá entranhar nos autos da carta precatória a ser remetida ao juízo deprecado, uma das vias da guia, acompanhada pela comprovação do recolhimento do valor devido para as diligências.

A comprovação de recolhimento pode ser feita pela autenticação mecânica nas vias da guia ou então por comprovante de pagamento fornecido pelo banco recebedor.

FALTA E INSUFICIÊNCIA DE DEPÓSITO

§ 3º Na falta desse depósito, será oficiado à Corregedoria Geral da Justiça do Estado de origem para as providências relativas ao recolhimento dessas despesas.

Caso a carta precatória seja remetida do juízo deprecante, sem uma das vias da guia, devidamente acompanhada pelo comprovante de recolhimento do valor devido, o juízo deprecante deverá oficiar à Corregedoria Geral da Justiça do Estado de origem da carta precatória para que sejam tomadas as providências cabíveis referentes ao recolhimento das despesas com as diligências do oficial de justiça.

§ 4º Havendo insuficiência do depósito, será oficiado ao Juízo de origem para complementação da verba.

Caso a carta precatória seja remetida ao juízo deprecante com insuficiência de depósito para a realização das diligências, então o juízo deprecante deverá oficiar ao juízo deprecado para que determine a parte autora a efetuar a complementação da verba das diligências.

Art. 1.044. O mandado não será entregue ao oficial de justiça sem a comprovação do recolhimento das despesas de condução, com exceção das hipóteses de diligência gratuita ou de urgência, assim determinadas pelo juiz.

O mandado não poderá de forma alguma ser encaminhado ao oficial de justiça sem que haja a devida comprovação do recolhimento das despesas de condução para realização das diligências.

Todavia, a regra não é absoluta. O mandado poderá ser entregue ao oficial de justiça sem a comprovação do recolhimento das despesas de condução quando ocorrer a hipótese de diligência gratuita ou diligência de urgências, desde ambas sejam determinadas pelo juiz.

DO MAPA INDIVIDUAL

Art. 1.045. Cumprido o mandado e devolvido, o oficial de justiça, para fins de ressarcimento, preencherá mapa individual (modelo próprio), remetendo-o à DICOGE após estar assinado, juntamente com o escrivão judicial que certificará sua autenticidade, anexando cópia de uma das vias da guia de recolhimento de despesas, acompanhada da comprovação de recolhimento do valor devido – autenticação mecânica ou comprovante de pagamento fornecido pelo banco recebedor.

Após o cumprimento e devolução do mandado, o oficial de justiça, para fins de ressarcimento, deverá preencher o seu mapa individual, apresentado em modelo próprio.

O mapa deverá ser assinado pelo oficial de justiça e pelo escrivão judicial, o qual certificará a sua autenticidade.

O mapa será acompanhado por cópia de uma das vias da guia de recolhimento de despesas e do respectivo comprovante de recolhimento bancário do valor devido.

O comprovante pode ser a autenticação mecânica na própria guia de recolhimento de despesas ou então o comprovante de pagamento fornecido pelo banco recebedor.

Assim, devidamente regularizado o mapa individual em modelo próprio será remetido à DICOGE para a liberação do pagamento.

Parágrafo único. O valor liberado será creditado pelo Banco do Brasil S.A. (Agência 5905-6, conta 951.000-1 – Poder Judiciário), na conta corrente indicada pelo oficial de justiça no mapa, em uma das agências desse estabelecimento de crédito.

O valor a ser liberado em favor do oficial de justiça será creditado pelo Banco do Brasil S.A., diretamente na conta corrente indicada pelo próprio oficial de justiça em seu mapa individual em uma das agências do Banco do Brasil S.A.

Art. 1.046. O valor para depósito das diligências dos oficiais de justiça, atualizado periodicamente com o reajuste dos preços do combustível, encontra-se disponibilizado no portal do Tribunal de Justiça e no sítio eletrônico do Banco do Brasil na internet.

Antigamente o valor para depósito das diligências dos oficiais de justiça, que eram atualizados regularmente com o reajuste dos preços do combustível, encontrava-se disponibilizado no portal do Tribunal de Justiça, e também no sítio eletrônico do Banco do Brasil na internet.

Porém, os reajustes das diligências dos oficiais de justiça com base nos preços dos combustíveis foram revogados pela edição do Provimento CG nº 28/2014, que fixou as cotas de ressarcimento das despesas de condução dos oficiais de justiças, referentes aos mandados pagos, em Unidades Fiscais do Estado de São Paulo – UFESPs e, consequentemente, desvinculou o seu reajuste do aumento do prelo da gasolina. Para tanto, foi alterado o artigo 1.010 das Normas de Serviço da Corregedoria Geral da Justiça – NSCGJ, nos seguintes termos: "Art. 1.010. As cotas de ressarcimento de despesas de condução dos oficiais de justiça, adiantadas e ressarcidas pelos interessados, são fixadas em Unidades Fiscais do Estado de São Paulo – UFESPs".

Art. 1.047. Aplicam-se subsidiariamente, no que couber, os dispositivos contidos neste Capítulo.

Os dispositivos contidos neste capítulo aplicam-se subsidiariamente às despesas de condução relativas às cartas precatórias provenientes de outros Estados da Federação.

www.ingramcontent.com/pod-product-compliance
Lightning Source LLC
Chambersburg PA
CBHW072149170526
45158CB00004BA/1568